# DAMPFGAREN

# DAMPFGAREN

## EINFACH, SCHNELL UND FETTFREI

JENNY STACEY

BECHTERMÜNZ

Originaltitel: Steam cuisine. Full steam ahead with
delicious recipes for a healthier diet
Originalverlag: Quintet Publishing Ltd, London

Deutsche Erstausgabe


Gestaltung: Isobel Gillan und Rod Teasdale
Fooddesign: Eliza Baird und Emma Patmore
Fotografie: Ian Garlick und Howard Shooter

Ins Deutsche übertragen von:
Dagmar Mallett (akapit Verlagsservice)
Bearbeitung und Koordination der
deutschsprachigen Ausgabe:
akapit Verlagsservice (www.akapit.de)
Einbandgestaltung: Greenstuff, München
Einbandmotiv: Barbara Lutterbeck, Köln
Gesamtherstellung: Mladinska Knjiga, Ljubljana
Printed in Slovenia

ISBN 3-8288-1083-1

# INHALT

# EINFÜHRUNG

Wahrscheinlich hat man schon mit Dampf gekocht, bevor das Feuer entdeckt wurde und die Nahrung über heißen Quellen gegart wurde. Heute ist die Methode beliebter denn je. Bei den Asiaten war das Dämpfen schon immer die Hauptzubereitungsart, nicht nur weil es sehr gesund ist, sondern auch weil es nur wenige Backöfen gibt. Viele Gerichte werden am liebsten gedünstet statt gebacken, und das Hauptnahrungsmittel Reis ist geradezu ideal dafür. Die Chinesen benutzen seit mehr als 3.000 Jahren Dampfkochtöpfe, wovon die ersten aus Steingut aus der Provinz Yunnan stammen. Vom 8. Jhd. an wurden sie aus Zypressenholz hergestellt, heutzutage werden sie eher aus Bambus geflochten, mit einem Lattenrost als Boden. Bis zu drei Einsätze können gestapelt und mit einem fest schließenden Bambusdeckel auf einen Wok mit kochender Flüssigkeit gesetzt werden.

Der klassische Dampfkochtopf hat in der Mitte einen Zylinder, durch den der Dampf in den Schalen verteilt wird. Eine Abwandlung

findet man in Hawaii, wo lange Zeit der Kalua, ein traditioneller Schweinebraten, in einem Erdloch gedünstet wurde. Mit Steinen und Holz wurden in einer Grube Dampf erzeugt und diese mit Blättern zugedeckt. Das Fleisch wird in Dampf und Rauch gegart.

Mit Dampf zu kochen ist also keine verrückte Modeerscheinung, sondern eine bewährte und vielseitige Zubereitungsart. Keine langweiligen, faden Gerichte — sondern die Wiederentdeckung wahrer Vielfalt und Reichhaltigkeit des Dämpfens. Gesündere und nahrhaftere Gerichte können mit Dampf leicht zubereitet werden. Die Ergebnisse sind knackig, farbenfroh und geschmackvoll.

Das Dämpfen ist nicht nur für eine überraschende Vielfalt von Gerichten geeignet, es hat auch viele Vorteile gegenüber anderen Zubereitungsarten. Es werden viel mehr Nährstoffe, Vitamine und Mineralien erhalten. Beim Dämpfen gehen im Gemüse nur 40 % vom Vitamin C verloren, während beim Kochen durch das Wasser 70 % Vitamin C und andere Nährstoffe entzogen werden. Die Speisen sind deswegen im Allgemeinen nahrhafter, wenn sie gedämpft werden, und da beim Zubereiten kein Fett gebraucht wird, sind sie gesünder und fettarmer. Selbst die in manchen Rezepten angegebenen Zutaten mit höheren Fettgehalten können durch fettärmere Alternativen ersetzt werden, wie z. B. fettarme Milch, Sahne und Käsesorten. Geflügel wird deswegen immer ohne Haut verwendet. Manche Gemüsesorten wie Senfsprossen, Rüben, Blattgemüse und Grünkohl sollten dennoch gekocht werden, weil beim Dämpfen andere Zutaten deren starken Geschmack annehmen würden.

Dämpfen ist eine Zubereitungsart, die den natürlichen Hitzestrom in der Luft, im Dampf und in der Flüssigkeit nutzt. Die Speisen werden zart und bleiben saftig, weil sie nicht wie bei anderen Methoden intensiver, trockener Hitze ausgesetzt werden. Beim Dämpfen werden die Speisen schonend behandelt. Sie kommen

weder mit der Hitzequelle noch der Dampf erzeugenden Flüssigkeit in Berührung, weil sie in abgedichteten, perforierten oder mit Latten versehenen Einsätzen, in Folien- oder Wachspapier oder feuerfesten Behältern gegart werden. Die Flüssigkeit darf die Speisen nicht berühren und muss 2,5 cm unterhalb des Einsatzes stehen.

Die Speisen können auf verschiedene Arten gewürzt werden, indem Sie entweder der Kochflüssigkeit (Wasser, Brühe) Kräuter, Gewürze oder Wein hinzufügen, oder die Speisen vor dem Dämpfen marinieren. Herzhafte Gerichte lassen sich gut mit Ingwer, Chili, Kümmel und Koriander würzen, Süßspeisen hingegen mit Muskatnuss, Zimt, Nelken und Minze. Aus frischen, aber auch getrockneten Kräutern, Zitrussäften, Weinen, Schnäpsen, Ölen, Würzen und Fruchtsäften lassen sich für viele Speisen interessante, den Geschmack verstärkende Marinaden bereiten. Man sollte also solche Zutaten immer im Haus haben. Da die Aromen nicht entweichen können, bekommen die Gerichte einen intensiven angenehmen Geschmack. Dem Gemüse kann man einfach einen Spritzer Zitrussaft oder gehackte Kräuter, Knoblauch oder Zwiebeln, oder auch einen Schuss guten, geschmackvollen Öls hinzugeben.

## Die drei Methoden des Dämpfens

- Am beliebtesten und schnellsten ist es, Fleisch, Fisch, Gemüse, Obst und leichte Desserts über kochendes Wasser zu hängen, sie fest zu verschließen und im Dampf zu garen. So kann man Speisen auch wieder aufwärmen oder auftauen.
- Länger dauert das Garen in einem Einsatz, einer Schale, einem Folien- oder einem Papierpaket über kochendem Wasser. Dazu werden Wachspapier oder Folie in Falten gelegt, die Speisen darin fest verschlossen und mit einem Faden zugebunden, damit sie sich ausdehnen können, wenn das Paket oder Gefäß mit Dampf gefüllt werden. Die Speise gart im eigenen Saft, ohne mit dem Kochwasser oder Dampf selbst in Berührung zu kommen. Außerdem haben Sie während der ganzen Garzeit eine genaue und gleichmäßige Temperatur. Deswegen wendet man diese Methode auch an, um Schokolade zu schmelzen, oder wann immer man eine gleichbleibende Hitze braucht.
- Bei der asiatischen Methode, Reis zu dämpfen (nach der man auch Gerichte wie Risotto und Paella zubereitet), wird der Reis in das Wasser oder die Brühe gegeben, zugedeckt und so lange gedämpft, bis die Flüssigkeit aufgenommen und der Reis gar ist.

**1** *Das Wasser kommt auf den Boden des Topfes.*

**2** *Zum längeren Garen werden die Speisen in ein in Falten gelegtes Wachspapier gelegt.*

**3** *Das Dampfgefäß wird fest verschlossen.*

**4** *Die asiatische Methode des Reiskochens eignet sich hervorragend für Gerichte wie Risotto oder Paella.*

# VERSCHIEDENE ARTEN VON DAMPFKOCHTÖPFEN

Alle Dampfkochtöpfe funktionieren nach demselben Grundprinzip: Die Speisen werden in einem Einsatz gegart, dessen Boden mit Löchern oder einem Lattenrost versehenen ist und der mit einem Deckel fest verschlossen wird. Er wird in einen Topf mit heißer Flüssigkeit gesetzt, deren Dampf die Speisen in den darüber aufgetürmten Einsätzen gart, ohne in direkten Kontakt mit ihnen zu kommen. Die Flüssigkeit kann Wasser, Wein, Brühe oder eine gewürzte Soße sein. Wenn Sie gleichzeitig Reis oder Teigwaren darin kochen wollen, nehmen Sie Salzwasser und rechnen Sie die Garzeit mit ein.

Der Dampfkochtopf hat drei Grundbestandteile: In der untersten Stufe werden die Flüssigkeit erhitzt und Dampf erzeugt. Die zweite Stufe ist ein Dämpfeinsatz, dessen Boden perforiert ist, damit der Dampf um die Speisen zirkulieren kann. Diese Einsätze kann man auch zu mehreren übereinander stapeln, um verschiedene Speisen gleichzeitig zu dämpfen, ohne dass sich die Geschmäcker miteinander vermischen. Der dritte Teil ist ein fest schließender Deckel, der auf dem einen oder dem obersten Einsatz sitzt und die gesamte Einheit

abdichtet, damit der Dampf sich im Inneren entwickeln und die Speisen in einer feuchten Umgebung garen kann. Wenn der Deckel nicht fest schließt, verlängert sich die Garzeit erheblich, und es gehen Nährstoffe verloren. Wenn Sie eine Schüssel oder einen Teller mit Speisen in den Dämpfeinsatz stellen, sorgen Sie dafür, dass sie groß genug sind, um die im Dampf erzeugten Säfte aufzufangen.

Dämpfen ist für manche eine so ungewohnte Zubereitungsart, dass sie sich erst daran gewöhnen müssen. Um die wahren Vorzüge zu entdecken, braucht es Zeit, aber Durchhalten lohnt sich. Fangen Sie mit einem einfachen, preiswerten, aufklappbaren, perforierten Metallkorb an, den Sie in einen Topf mit heißer Flüssigkeit stellen, dessen Deckel genügend Platz lässt, damit der Dampf um die Speise herum zirkulieren kann. Sie können auch einen Wok oder einen Bräter nehmen. Damit können Sie auch Speisen übereinander schichten, wenn auch nicht den Geschmack getrennt halten, aufwärmen und auftauen. Da diese Körbe viel Platz brauchen, sind sie begrenzt einsatzfähig. Ein feuerfestes Sieb oder zwei ebenfalls feuerfeste Teller über kochendem Wasser tun denselben Dienst.

Ein großer Vorteil dieser Zubereitungsart ist, dass Sie zum Dämpfen nur einen Topf und damit weniger Vor- und Nachbereitungszeit brauchen und weniger Abwasch haben! Sie brauchen nichts vorzukochen, die Speisen können unbeaufsichtigt garen,

Oben links: *Heute gibt es schon eine gute Auswahl an elektrischen Dampfkochgeräten.*

Oben Mitte: *Ein Dampfkochtopf aus Edelstahl für die Herdplatte. Man kann mehrere Einsätze kaufen, um ihn noch vielseitiger zu verwenden.*

Oben rechts: *Chinesische Dampfeinsätze aus Bambus, die man über einen Wok oder einen Topf setzt, funktionen nach demselben Prinzip.*

müssen nicht umgerührt werden, und Sie können sich entspannen. Vielleicht ist Ihnen ein elektrischer Dampfkochtopf lieber als einer auf dem Herd. Dieser hat für perfekte und gleichmäßige Ergebnisse unter anderem eine Zeitschaltuhr und ein Thermostat. Es gibt sie in großer Auswahl von fast allen Herstellern von Küchengeräten. Sie sind ziemlich große Geräte für die Arbeitsplatte. So bleibt der Herd frei. Außerdem haben sie den Vorteil, dass sie mehrere Dämpfeinsätze aufeinander stapeln und ganze Mahlzeiten zubereiten können. Sie haben auch Platz für größere Fleischstücke und ganzes Geflügel. Im unteren Teil des Dämpfgerätes wärmt ein durch einen Thermostat gesteuertes Element das Wasser oder die Brühe, und eine Zeitschaltuhr schaltet das Gerät ab. Oft sind spezielle Reiskocher dabei, sowie Auffangschalen für die Säfte zur Soßenzubereitung.

In den 50er Jahren wurde in einer der ersten Kochsendungen im Fernsehen der Multi-Kocher vorgestellt, ein technisch einfacher Dampfkochtopf, in dem auf mehreren Stufen mehrere Speisen gleichzeitig gegart werden konnten. Seit damals sind diese Töpfe erheblich verbessert worden. Heute sind sie aus Edelstahl und in fast jedem Haushalt zu finden. Man kann sie mit mehreren Dämpfeinsätzen vielseitiger machen, und sie sind fast so praktisch wie elektrische Dampfgeräte.

Der Dampfkochtopf für den Herd hat einen Durchmesser von ungefähr 20 cm und ist groß genug für eine durchschnittliche Familie. Mit den beidseitigen Griffen kann man ihn leicht heben, und viele haben einen Thermoboden aus Edelstahl mit einem Aluminiumkern, der die Hitze schnell aufnimmt und so verteilt, dass nichts anbrennen kann. Der Nachteil dieser Kocher gegenüber den elektrischen Dämpfgeräten ist, dass man während des Kochens nicht hineinsehen kann. Zur Kontrolle muss man ihn entweder öffnen und verliert damit den Dampf oder sich auf empfohlene Garzeiten verlassen, was in jedem

Fall besser ist, als zwischendurch den Deckel abzunehmen. Außerdem beanspruchen diese Töpfe eine Herdplatte, die Sie während dieser Zeit nicht mehr anderweitig nutzen können.

Chinesische Dämpfeinsätze aus Bambus mit Lattenrostböden funktionieren nach demselben Prinzip wie alle anderen. Sie gibt es in verschiedenen Größen mit zwei oder drei Stufen und einem festen Deckel. Man setzt sie über einen Wok mit heißem Wasser oder Brühe.

Alle Rezepte in diesem Buch wurden in einem mehrstufigen Dampfkochtopf aus Edelstahl auf dem Herd getestet. Die Garzeiten sind nur Richtlinien, die Sie auf Ihren Geschmack und die Herstellerempfehlungen Ihres Dampfkochers abstimmen sollten. Bambus, Metallkörbe und Siebeinsätze brauchen ungefähr dieselbe Zeit.

Ich habe versucht, Ihnen das Dämpfen von seiner besten Seite zu zeigen, mit vielen verschiedenen frischen, farbenfrohen und geschmacklich guten Zutaten, damit Sie sie genießen und die Vielseitigkeit und Vorteile des Kochens mit Dampf erfahren können. Die meisten Köche bemühen sich, gesunde, leckere und leicht zubereitete Mahlzeiten auf den Tisch zu bringen, und wenn Sie erst einmal einige Rezepte ausprobiert haben, werden Sie sicher Gefallen am Dämpfen finden.

Unten: *Der einfache, preiswerte, aufklappbare Metallkorb ist das beste Dämpfgerät für den Anfänger.*

# EINIGE ALLGEMEINE REGELN

Es gibt einige Regeln, die man beim Dämpfen einhalten sollte, um immer bestmögliche Ergebnisse zu erzielen:

- Sorgen Sie dafür, dass die Zutaten immer von bester Qualität und in gutem Zustand sind. Nehmen Sie mageres Fleisch, das auch ohne langes Kochen zart wird. Entfernen Sie vor dem Kochen überflüssiges Fett und schneiden Sie das Fleisch immer gegen die Faser.
- Der Deckel muss gut schließen, damit kein Dampf entweichen kann.
- Achten Sie bei Obst und Gemüse darauf, dass sie frisch und unversehrt sind, also keine Flecken haben, denn beim Dämpfen wird der Geschmack verstärkt und auch das leichteste Nebenaroma wird intensiviert.
- Sorgen Sie dafür, dass gleichzeitig gekochte Speisen gleiche oder ähnliche Größe haben und damit dieselbe Garzeit brauchen. Das betrifft besonders zerkleinerte Zutaten, Fleisch, Fisch und Geflügelportionen.
- Die Flüssigkeit im unteren Teil darf nicht mit den Speisen in Berührung kommen, sonst werden sie gekocht und nicht gedämpft. Hängen Sie sie also mindestens 2,5 cm oberhalb der Flüssigkeit in den Topf ein.
- Die Flüssigkeit sollte den Topf nie zu mehr als zwei Dritteln füllen und für ein gleichmäßiges Kochen immer konstant bleiben. Füllen Sie bei Bedarf kochende Flüssigkeit nach.
- Kochen Sie die Speisen in einfachen Schichten. Bei größeren Mengen muss die Garzeit entsprechend erhöht werden.
- Ordnen Sie die Speisen in den Einsätzen so an, dass der Dampf durch die Zwischenräume zirkulieren kann. Fleisch, Fisch und Geflügel sollten, wenn tiefgefroren, vor dem Kochen aufgetaut werden, damit sie in der vorgeschlagenen Kochzeit richtig gar werden.
- Geben Sie Fleisch, Fisch und saftige Speisen in das unterste Dämpffach, damit nichts in untere Speisen tropfen kann.
- Lassen Sie die Speisen im obersten Dämpffach fünf Minuten länger garen, denn sie sind vom Dampf weiter entfernt.
- Wenn schließlich die Speisen trotz der angegebenen Kochzeit nicht gar sind oder nicht den von Ihnen gewünschten Garungsgrad haben, verlängern Sie die Kochzeit.

*Die meisten Menschen denken beim Dämpfen an langweiliges, fade schmeckendes Gemüse, aber Sie werden sehen, wie weit diese Annahme von der Wahrheit entfernt ist.*

*Wenn Sie erfolgreich Gemüse kochen wollen, das Biss, Farbe, Geschmack und Nährwert hat, müssen Sie es dämpfen. In diesem Kapitel finden Sie viele fantasievolle Gerichte mit dem vollen Geschmack von Kräutern, Marinaden und Soßen. Mit dabei sind Hauptgerichte, Beilagen und kleine Mahlzeiten für jeden Geschmack und jede Gelegenheit. Bei diesen Rezepten werden Sie garantiert kein fades Gemüse entdecken.*

# GEMÜSE

*Wenn man Gemüse mariniert, wird sein Geschmack zur vollen Entfaltung gebracht, ohne von der Marinade übertönt zu werden. Dieses Gericht kann im voraus zubereitet und bis zu 4 Stunden im Kühlschrank aufbewahrt werden.*

# PASTA MIT GEMISCHTEM GEMÜSE

für 4 Personen

1 mittelgr. Lauchstange in schmalen Streifen
1 mittelgr. rote Paprikaschote, halbiert und in schmale Streifen geschnitten
1 mittelgr. grüne Paprikaschote, halbiert und in schmale Streifen geschnitten
1 mittelgr. gelbe Paprikaschote, halbiert und in schmale Streifen geschnitten
8 Baby-Maiskolben, der Länge nach halbiert
100 g Brokkoliröschen
50 g breite Bohnen (Favabohnen)
25 g schwarze entsteinte Oliven
150 ml trockener Weißwein
3 zerdrückte Knoblauchzehen
4 Essl. (50 ml) Olivenöl
1 Essl. (15 ml) Walnussöl
3 Essl. gemischte, frisch gehackte Kräuter
1 Teel. (5 g) getrocknete Chilischoten, zerstoßen
250 g Spaghettini

❶ Das vorbereitete Gemüse in eine Schüssel geben. Die restlichen Zutaten (ohne die Spaghettini) zusammenrühren und über das Gemüse gießen. Zugedeckt 2 Stunden marinieren lassen und gelegentlich umrühren.

❷ Das Gemüse mit der Marinade in einen mit Wachspapier ausgelegten Dämpfeinsatz geben.

❸ Im Dampfkochtopf Salzwasser zum Kochen bringen und die Pasta hineingeben. Das Gemüse darübersetzen, dicht verschließen und dämpfen: 10 Minuten, wenn es Biss haben soll, ansonsten bis Pasta und Gemüse den gewünschten Garungsgrad haben.

❹ Die Pasta abgießen, in einen vorgewärmten Suppenteller geben und das Gemüse darüberlöffeln. Würzen und sofort servieren.

*Sie können auch getrocknete Bohnen nehmen, sie über Nacht einweichen und zehn Minuten lang kochen. So entfernen Sie die Giftstoffe in den Bohnen, die Sie vor der Weiterverarbeitung gut abspülen sollten.*

# GEMISCHTE BOHNEN AUF REIS

Für 4 Personen

1 große Dose abgetropfte Kidney-Bohnen
1 große Dose abgetropfte breite Bohnen
150 ml Gemüsebrühe
2 Essl. (25 ml) Worcestershire- oder Sojasoße
2 Essl. (25 ml) Tomatenpüree
1 große Dose Tomatenwürfel
einige Tropfen Tabasco
1 mittelgr. rote Zwiebel, geachtelt
2 in dicke Scheiben geschnittene Selleriestangen
3 zerdrückte Knoblauchzehen
1 mittelgr. grüne Paprikaschote, in dünne Streifen geschnitten
250 g gewürfelte Süßkartoffeln
100 g halbierte Artischockenherzen aus der Dose

*Für den Reis*

100 g Langkornreis und wilder Reis, gemischt
200 ml Gemüsebrühe
225 g gewaschene Spinatblätter

❶ Alle Zutaten (ohne Reis und Brühe) in eine Schüssel geben, mit einer gefalteten Folie bedecken, zubinden und in den oberen Einsatz setzen.
❷ Die Gemüsebrühe im unteren Dämpfeinsatz zum Kochen bringen, das Gemüse darübersetzen, zudecken und 25 Minuten dämpfen.
❸ Den Reis in die Gemüsebrühe geben und 15 Minuten kochen. Den Spinat unterheben und weitere 3 bis 5 Minuten kochen, bis das Gemüse zart und der Reis weich ist. Servieren.

*Ein ganz besonderer Kuchen: Die Kruste besteht aus Polentateig mit Käse und passt gut zu der farbenfrohen Gemüsemischung darunter.*

# POLENTAKUCHEN

## Für 4 Personen

½ kl. Lauchstange in feinen Längsstreifen
1 kl. Möhre, in feine Streifen geschnitten
½ mittelgr. Fenchelknolle in feinen Streifen.
1 kleine rote Paprikaschote in feinen Streifen
½ kl. Zucchini, in feine Streifen geschnitten
1 kl. Tomate, entkernt, in Streifen geschnitten
2 Essl. (25 g) schwarze Oliven, geviertelt
2 Essl. (25 ml) Olivenöl
Saft und Fruchtfleisch einer mittelgr. Zitrone
1 zerdrückte Knoblauchzehe
1 Essl. (15 g) frisch gehackter Oregano
frisch gemahlener schwarzer Pfeffer

*Für den Teig*

6 Essl. (75 g) Weizenmehl
6 Essl. (75 g) Polenta oder Maismehl
1½ Teel. (7 g) Backpulver
1 Prise Salz
1 geschlagenes Ei
150 ml Milch
2 Essl. (25 g) frisch geriebener Parmesankäse
4 gehackte Frühlingszwiebeln

❶ Das vorbereitete Gemüse in eine Glasschüssel geben. Öl, Saft und Fleisch der Zitrone, Knoblauch, Kräuter und Pfeffer zusammenrühren und das Gemüse damit beträufeln. Zudecken und eine Stunde marinieren lassen. Gelegentlich umrühren.

❷ Das Mehl in eine Rührschüssel sieben, mit Polenta, Backpulver und Salz vermischen. Das Ei mit der Milch verquirlen, mit der Trockenmischung von einer Vertiefung in der Mitte her verrühren, bis ein glatter Teig entsteht. Käse und Zwiebel hineinrühren und gut würzen.

❸ Das Gemüse aus der Marinade nehmen und in eine leicht gefettete Auflaufform (1 l) geben, den Teig darübergießen, mit Wachspapier abdecken und einem Faden fest verschließen.

❹ Die Form in den Dampfkochtopf setzen, diesen verschließen. 50 Minuten dämpfen, bis der Teig fest ist. Sofort mit Kartoffeln oder Reis und grünem Salat servieren.

*Dieses reichhaltige Gericht gelingt auch mit anderen Nusssorten. Versuchen Sie einmal Pecan- oder Walnüsse. Der Auflauf sollte zehn Minuten ruhen, bevor er aufgeschnitten wird.*

# AUFLAUF MIT CASHEWNÜSSEN UND SPARGEL

Für 4 Personen

1 Essl. (15 ml) Olivenöl
1 mittelgr. gehackte rote Zwiebel
2 zerdrückte Knoblauchzehen
175 g ungesalzene, gehackte Cashewnüsse
75 g Vollwertpaniermehl (Weizen)
1 geschlagenes Ei
1 große Kartoffel, geschält, gekocht und zerdrückt
2 Essl. (25 g) frische gem. Kräuter, gehackt
1 Teel. (5 g) Trockenhefe
150 ml Gemüsebrühe
150 g Spargelspitzen

*Für die Soße*
150 ml Gemüsebrühe
1 Essl. (15 ml) Tomatenpüree
3 Essl. (45 ml) trockener Sherry
25 g Butter

❶ Das Öl in der Pfanne erhitzen. Zwiebel und Knoblauch 2–3 Minuten andünsten, bis sie weich sind. Nüsse und Paniermehl hinzugeben.
❷ Vom Herd nehmen und Ei, Kartoffel, Kräuter, Hefe und Brühe hineinrühren. Die Hälfte der Mischung in eine Auflaufform oder eine mit Wachspapier ausgelegte Form geben, die in den Dämpfeinsatz passt.
❸ Darauf die Spargelspitzen und dann die restliche Nussmischung verteilen. Mit gefaltetem Wachspapier bedecken, mit Faden zubinden.
❹ Den Auflauf im obersten Einsatz eine Stunde dämpfen, bzw. bis er gar ist. 10 Minuten ruhen lassen und dann erst aufschneiden.
❺ Zwischenzeitlich für die Soße die Brühe mit dem Tomatenpüree und dem Sherry zum Kochen bringen und mit einem Schneebesen die Butter hineinrühren. Zu den Auflaufscheiben servieren.

*Diese Pilze erinnern an die mexikanische Küche und sind überraschend einfach zuzubereiten. Mit Salat, saurer Sahne und frischem Brot sind sie ein idealer Mittagsimbiss.*

# GEFÜLLTE PILZE

Für 4 Personen

- 8 große offene Pilze, geputzt und gewaschen
- 50 g Vollwertpaniermehl (Weizen)
- 4 gehackte Frühlingszwiebeln
- 1 reife Avocado, gehackt
- 1 kleine rote Chilischote, in dünne Scheiben geschnitten
- 1 große Tomate, entkernt und gewürfelt
- 2 Teel. (10 ml) Zitronensaft
- 4 Essl. (50 g) Mozzarellakäse in Stücken
- 1 Essl. (15 g) frisch gehackter Koriander

❶ Stiele von den Pilzen entfernen und kleinhacken. Paniermehl, Zwiebel, Avocado, Chilischote, Tomate und Zitronensaft hinzugeben und gut miteinander mischen.

❷ Die Mischung in die Pilzköpfe füllen, anhäufen, zusammendrücken und so formen, dass alles gut zusammenhält. Mit Käse und dann mit Koriander bestreuen.

❸ Die Pilzköpfe im obersten Dämpfeinsatz 10 Minuten dämpfen, bis sie zart sind. Mit Salat servieren.

---

*Dieses mediterrane Gericht eignet sich sowohl als Beilage als auch als Zwischenmahlzeit. Es kann auch kalt als Salat zu Fleisch und Fisch gereicht werden. Statt der Zucchini kann man Kürbis verwenden. Junge Auberginen sind zart und können sehr gut ganz verwertet werden. Ältere Früchte sollte man schälen und – wenn sie überreif sind – erst gut salzen und 20 Minuten entwässern lassen, damit sie ihre Bitterstoffe verlieren (Auberginen sind eigentlich Beeren).*

# KNOBLAUCH, ZUCCHINI UND AUBERGINEN

Für 4 Personen

- 500 g Zucchini
- 2 große Auberginen, dicke halbierte Scheiben
- 2 mittelgr. Lauchstangen in dünnen Scheiben
- 4 zerdrückte Knoblauchzehen
- 1 große Dose Artischockenherzen, abgetropft und halbiert
- 50 ml Olivenöl
- frisch gemahlener schwarzer Pfeffer
- 1 Essl. (15 g) frisch gehackte gem. Kräuter

❶ Bei Bedarf die Auberginen salzen und sie erst dann mit den Zucchini, Lauch, Knoblauch, Artischockenherzen, Öl, schwarzem Pfeffer und den Kräutern gut mischen und in eine mit Folie ausgelegte Dämpfschale geben.

❷ Mit einem gut schließenden Deckel versehen und 45 Minuten dämpfen, oder bis das Gemüse gar ist. Mit gedämpften Reis oder als Beilage zu einfachen Fleischgerichten servieren.

*Rote Spaltlinsen sollte man immer zu Hause haben. Man muss sie nicht einweichen, sie schmecken gut, und sie enthalten viele Nährstoffe wie Calcium, Vitamin A und D, Eisen und Phosphor.*

# LINSEN-PILAW

Für 4 Personen

15 ml Öl
4 gehackte Frühlingszwiebeln
175 g rote Trockenlinsen
250 g Basmati-Reis
1 Teel. (5 g) Kurkuma
1 mittelgr. geraspelte Möhre
1 mittelgr. gewürfelte rote Paprikaschote
2 Essl. (25 g) Sultaninen
25 g gehackte grüne Bohnen
1 gewürfelte Selleriestange
1 Teel. (5 g) Chilipulver
1 Teel. (5 g) Fenchelsamen
1 Teel. (5 g) gemahlener Kümmel
1 Essl. (15 g) frisch gehackter Koriander
600 ml Gemüsebrühe

*Für die Soße*

600 g pürierte Tomaten
1 mittelgr. kleingehackte Zwiebel
2 zerdrückte Knoblauchzehen
1 Essl. (15 ml) frisch gehackter Koriander
Salz und frisch gemahlener schwarzen Pfeffer

❶ Alle Pilawzutaten direkt in den Dampfkochtopf geben, zudecken und 30 Minuten kochen, bis die Brühe aufgesogen ist.

❷ Die Mischung in kleine Auflaufformen geben und diese in einen Dämpfeinsatz stellen.

❸ Den Dampfkochtopf ausspülen und alle Soßenzutaten hineingeben. Den Dämpfeinsatz mit den Förmchen darübersetzen und den Topf mit einem fest schließenden Deckel versehen.

❹ Die Soße zum Kochen bringen, die Hitzezufuhr etwas drosseln und 10 Minuten dämpfen.

❺ Zum Servieren die Förmchen auf vorgewärmte Teller stürzen und die Soße darum herumlöffeln. Mit Koriander garnieren und servieren.

*Diese unwiderstehlichen Tortillas sind ein beliebtes mexikanisches Gericht und ideal für ein zwangloses Abendessen. Sie können das Gemüse beliebig kombinieren.*

# PIKANTE GEMÜSETORTILLAS

Für 4 Personen

- 1 mittelgr. geviertelte Zwiebel in dünnen Scheiben
- 4 Baby-Maiskolben, längs halbiert
- 2 Selleriestangen, in feinen Streifen
- 1 mittelgr. Zucchini, in feine Streifen oder dünne Scheiben geschnitten
- 4 Essl. (50 g) Zuckererbsen, in Scheiben
- 1 mittelgr. rote Paprikaschote in Streifen
- 2 große Tomaten, entkernt und gewürfelt
- 1 mittelgr. grüne Chilischote, dünne Scheiben
- 1 zerdrückte Knoblauchzehe
- 2 Essl. (25 ml) Tomatenpüree
- 150 ml Gemüsebrühe
- 2 Essl. (25 g) frisch gehackter Koriander
- 1 Teel. (5 g) gemahlener Koriander
- 8 Tortillas, frisch oder tiefgefroren
- 150 ml Naturjogurt

❶ Alle Gemüsesorten in einer feuerfesten Form vermischen und in den oberen Dämpfeinsatz stellen.

❷ Tomatenpüree, Gemüsebrühe, 1 Essl. (15 g) gehackten und den gemahlenen Koriander zusammenrühren und über das Gemüse in die Form gießen. Mit gefaltetem Wachspapier zudecken und 15 Minuten, oder bis das Gemüse gar ist, dämpfen.

❸ Die Tortillas unten in den zweiten Dämpfeinsatz legen und für die letzten 5 Minuten der Dämpfzeit über die Gemüsestufe setzen, bzw. bis sie durchgewärmt sind.

❹ Den restlichen frischen Koriander in den Jogurt rühren.

❺ Gemüsemischung in die Tortillas füllen, mit dem Jogurt servieren.

*Warme Salate sind eine köstliche Abwechslung – als Beilage oder mit warmem knusprigem Brot als ganze Mahlzeit. Servieren Sie diesen Salat sofort, da der Chicorée schnell braun wird.*

# GEDÄMPFTER CHICORÉESALAT

Für 4 Personen

4 große Chicoréeköpfe
1 mittelgr. in feine Streifen geschnittene Möhre
3 in feine Streifen geschnittene Frühlingszwiebeln
ein 2,5-cm-Stück frischer Ingwer, geraspelt
2 Essl. (25 g) Pinienkerne
2 Essl. (25 g) frisch geriebener Parmesan
frisch geriebener schwarzer Pfeffer

*Für die Salatsoße*

3 Essl. (45 ml) Walnussöl
2 Essl. (25 ml) Zitronensaft
1 Essl. (15 ml) klarer Honig
2 Essl. (25 g) frisch gehackte, gemischte Kräuter
1 Essl. (15 ml) Balsamico-Essig

❶ Die Chicoréeköpfe in Blätter zerlegen, waschen, trocknen und in der Mitte von vier großen Quadraten aus Wachspapier verteilen.
❷ Möhre, Frühlingszwiebeln, Ingwer und Pinienkerne darübergeben.
❸ Die Zutaten für die Soße mischen und gut schütteln. Die Seiten der Quadrate so umschlagen, dass Päckchen daraus werden, und ein Viertel der Soße hineingießen. Die Päckchen verschließen und oben in den Dampfkochtopf setzen.
❹ 10 Minuten dämpfen, bis sie heiß sind. Die Päckchen öffnen und den Käse darüberstreuen. Würzen und sofort mit warmem Brot servieren.

*Dies ist eine einfache Beilage, die gut zu Geflügel oder Fisch passt. Sie können auch Salatgurke und Erbsen oder andere Bohnensorten verwenden.*

# ZUCCHINI UND BOHNEN MIT KNOBLAUCH UND MINZE

Für 4 Personen

2 große Zucchini in dicken Scheiben
100 g grüne Bohnen in Scheiben
2 Teel (10 ml) Zitronensaft
1 Essl. (15 g) frisch gehackte Minze
2 zerdrückte Knoblauchzehen
2 Essl. (25 g) Butter
Salz und frisch gemahlener schwarzer Pfeffer
Minzeblätter und Zitronenschale als Garnitur

❶ Das Gemüse in die Mitte eines großen Quadrats aus Wachspapier geben, die Seiten für den Dämpfeinsatz hochklappen, nicht schließen.
❷ Über dem Gemüse Zitronensaft, Minze, Knoblauch, Butter und Gewürze verteilen, das Papier um das Gemüse herum zu einem Päckchen zusammenfalten und gut verschließen.
❸ Das Päckchen in den Dämpfeinsatz über kochendes Wasser setzen, mit einem fest schließenden Deckel zudecken und 8 bis 10 Minuten dämpfen, bis das Gemüse zart ist. Garnieren und servieren.

*Ziegenkäse verleiht der Paprika einen besonders kräftigen Geschmack und wird so lange gedämpft, bis er gerade zerfließt. Servieren Sie dieses Gericht mit einem grünen Salat, um es farblich abzurunden.*

# PAPRIKASCHOTE MIT ZIEGENKÄSE

Für 4 Personen

2 mittelgr. rote Paprikaschoten
2 mittelgr. gelbe Paprikaschoten

*Für die Füllung*
350 g Ziegenkäse
2 Essl. (25 g) Pinienkerne
2 zerdrückte Knoblauchzehen
2 Essl. (25 g) gehackte, mit Paprika gefüllte Oliven
2 Selleriestangen in dünnen Scheiben
2 Essl. (25 g) frisch gehackte Petersilie
2 Essl. (25 g) Rosinen

❶ Wasser im Dampfkochtopf aufkochen. Jede Paprikaschote längs halbieren, von Kern und Samen befreien und knapp 5 Minuten in dem Wasser blanchieren. Mit einem Schaumlöffel herausnehmen.

❷ Die restlichen Zutaten miteinander vermischen und in die Paprikahälften füllen. Diese in den Dämpfeinsatz über das kochende Wasser legen, den Topf fest verschließen und 20 Minuten dämpfen. Mit knackigem grünen Salat servieren.

*Sie können auch frische Artischockenherzen nehmen, aber mit Artischocken aus der Dose ist das Ergebnis ebenso köstlich, nur schneller und einfacher. Eine ideale Beilage für gegrilltes oder gedämpftes Huhn.*

# ARTISCHOCKEN VOM MITTELMEER

Für 4 Personen

1 große Dose Artischockenherzen
3 zerdrückte Knoblauchzehen
1 große Zwiebel, in 16 Teile geschnitten
1 Essl. (15 g) Butter
2 Essl. (25 ml) Madeira
250 g gewürfelte Tomaten, frisch oder aus der Dose
1 Essl. (15 g) Tomatenpüree
1 Teel. (5 g) brauner Zucker
2 Essl. (25 g) frisch gehacktes Basilikum oder Majoran
2 Essl. (25 g) halbierte, entkernte schwarze Oliven

❶ Die Artischockenherzen halbieren.

❷ Alle Zutaten in eine feuerfeste Form geben, die in den Dämpfeinsatz passt. Mit gefaltetem Wachspapier und einem dichten Deckel verschließen.

❸ 20 Minuten, oder bis das Gemüse zart ist, dämpfen. Sofort servieren.

*Kleine Pasteten sind ideale Appetithäppchen für eine Abendgesellschaft. Vergewissern Sie sich, dass alle Flüssigkeit aus dem Spinat gedrückt ist, bevor er mit den Eiern vermengt wird, sonst wird das Gericht zu wässrig.*

# SPARGELPASTETE

## Für 4 Personen

250 g Spargelspitzen
1 kleine Lauchstange, in dünnen Scheiben
250 g gewaschene Spinatblätter
1 großer offener Pilz, geschält, gewaschen und kleingehackt
2 zerdrückte Knoblauchzehen
1 Essl. (15 g) frisch gehackter Thymian
6 geschlagene Eier
2 Essl. (25 g) frisch geriebener Parmesankäse
Salz und frisch gemahlener schwarzer Pfeffer
Spargelspitzen und geriebener Parmesan zum Garnieren

❶ Gemüse, Knoblauch und Thymian in den Dämpfeinsatz über kochendes Wasser geben. Zudecken und 10 Minuten dämpfen.

❷ Gemüse in einer Küchenmaschine oder einem Mixer pürieren, bis es glatt ist. Eier und Käse unterschlagen und gut würzen.

❸ Die Mischung in vier kleine Auflaufformen füllen, mit gefaltetem Wachspapier bedecken und mit einem Faden zubinden. Die Formen in den oberen Dämpfeinsatz stellen und 40 Minuten über kochendem Wasser garen, bzw. bis die Masse stockt. Mit blanchierten Spargelspitzen garnieren und mit Parmesankäse bestreuen. Mit warmem getoasteten Brot je nach Geschmack servieren.

*Diese gefüllten Auberginen können als Hauptmahlzeit oder in kleinen Mengen als Vorspeise serviert werden. Tahini-Soße bekommt man in Feinkostläden. Sie passt ideal zu den Auberginen.*

# AUBERGINEN AUF ARABISCHE ART

## Für 4 Personen

4 kleine Auberginen
4 Essl. (50 g) Couscous
1 zerdrückte Knoblauchzehen
2 Teel. (10 g) brauner Zucker
1 mittelgr. Tomate, grob zerkleinert
4 Essl (50 g) getrocknete Aprikosen, gehackt
2 Essl. (25 g) blanchierte gehackte Mandeln
2 Essl. (25 g) frisch gehackter Koriander
2 gehackte Frühlingszwiebeln
1 Teel. (5 g) gemahlener Koriander
Salz und frisch gemahlener schwarzer Pfeffer
Tahini-Soße zum Servieren

1. Auberginen längs halbieren, reichlich salzen und 20 Minuten mit der Schnittfläche nach unten in einem Sieb stehen lassen, damit sie entwässern können. Abspülen und trockentupfen.
2. In der Zwischenzeit den Couscous 20 Minuten in kochendem Wasser quellen lassen und überschüssige Flüssigkeit abgießen.
3. Das Fruchtfleisch aus den Auberginen löffeln und nur eine dünne Schicht in der Schale lassen. Das Fruchtfleisch grob zerkleinern und mit Couscous, Knoblauch, Zucker, Tomaten, Aprikosen, Mandeln, Koriander, Zwiebeln und gemahlenem Koriander vermischen und würzen.
4. Mischung in die ausgehöhlten Auberginen und diese in den Dämpfeinsatz stellen. Gut verschließen, 15 bis 20 Minuten dämpfen und heiß mit Tahini-Soße und Salat servieren.

*Frisches Frühlingsgemüse hat einen einzigartigen Geschmack. In diesem Gericht wird es einfach nur mit einer Jogurt-Knoblauch-Soße auf Nudeln angerichtet. Für dieses schnelle Gericht können Sie Ihr vorrätiges Gemüse beliebig kombinieren.*

# FETTUCINE PRIMAVERA

Für 4 Personen

300 g Bandnudeln
75 g Brokkoliröschen
4 Baby-Möhren, längs halbiert
1 mittelgr. rote gewürfelte Paprikaschote
1 mittelgr. grüne gewürfelte Paprikaschote
1 mittelgr. rote Zwiebel, geviertelt und in dünne Scheiben geschnitten
50 g Fava-Bohnen
2 Essl. (25 g) Erbsen
2 zerdrückte Knoblauchzehen
6 Essl. (75 g) frisch geriebener Cheddarkäse oder Gouda
5 Essl. Naturjogurt
1 Prise Cayennepfeffer
Salz und frisch gemahlener schwarzer Pfeffer

❶ Reichlich Salzwasser im Dampfkochtopf zum Kochen bringen und die Nudeln hineingeben.
❷ Alle Gemüsesorten in einem mit Wachspapier ausgelegten Dämpfeinsatz über die Nudeln setzen, mit einem gut schließenden Deckel zudecken und 10 Minuten lang dämpfen. Darauf achten, dass die Zutaten Biss behalten.
❸ Käse, Jogurt und Cayennepfeffer zum Gemüse geben und warm halten.
❹ Nudeln abgießen und in eine vorgewärmte Servierschüssel füllen. Das Gemüse darauf verteilen, gut würzen und sofort servieren.

*Mohn verleiht dem glasierten Gemüse ein kräftiges Aroma, aber Sie können z. B. auch Fenchelsamen verwenden. Eine gute Beilage für mariniertes Lamm- oder Schweinefleisch.*

# GLASIERTES GEMÜSE

Für 4 Personen

2 mittelgr. Baby-Rüben, geputzt und halbiert
2 mittelgr. Möhren, in feinen Streifen
2 Selleriestangen, in feinen Streifen
1 große Zucchini, in feine Streifen oder Scheiben geschnitten
4 Baby-Maiskolben, längs halbiert
3 Essl. klarer Honig
2 Essl. (25 ml) Gemüsebrühe
2 Teel. milde Sojasoße
2 Teel. Mohnsamen
Salz und frisch gemahlener schwarzer Pfeffer

1. Alle Gemüsesorten in eine Schüssel geben, den Honig mit der Brühe und der Sojasoße verrühren und über das Gemüse gießen.
2. Den Mohn darüberstreuen und alles gut mischen.
3. Das Gemüse in einen mit Wachspapier ausgelegten Dämpfeinsatz geben und mit einem dicht schließenden Deckel zudecken.
4. 20 Minuten, oder bis das Gemüse zart ist, dämpfen. Mit Salz und frisch gemahlenem Pfeffer würzen.

*Rote Beete sind ein sehr gesundes, leider oft vernachlässigtes Gemüse. Nehmen Sie die zarteren kleinen bis mittelgroßen Knollen. Entfernen Sie sofort die (ebenfalls essbaren und gesunden) Blätter, diese entziehen den Knollen Nährstoffe. Lassen Sie 2,5 cm des Blattstängels an der Knolle stehen, damit die Nährstoffe beim Kochen erhalten bleiben. Nach dem Kochen schälen. Dieses Gericht strotzt vor Farbe und Geschmack und ist eine tolle Beilage zu einer milden Vorspeise oder einem grünen Salat. Es kann bis zu 4 Stunden im Kühlschrank aufbewahrt werden. Die Orangen können durch Pfirsiche oder Nektarinen ersetzt werden.*

# PIKANTE ROTE BEETE MIT ORANGE

Für 4 Personen

10 kleine Knollen Rote Beete, gewaschen
150 ml Orangensaft
150 ml Rotwein
25 ml Knoblauchessig
10 ml klarer Honig
2 Frühlingszwiebeln, in dicken Scheiben
Orangenfruchtfleisch und -segmente zum Garnieren

1. Die Roten Beete in den Dämpfeinsatz geben, den Topf verschließen und über einer Mischung aus Orangensaft, Wein, Essig, Honig und Zwiebeln 15–20 Min., oder bis die Knollen zart sind, dämpfen.
2. Die Knollen herausnehmen und die Flüssigkeit erneut kochen, bis sie eindickt. Inzwischen die Knollen schälen und in Scheiben schneiden.
3. Die Roten Beete auf vorgewärmten Tellern anrichten, die Soße darübergießen, garnieren und sofort servieren.

*Jede Sorte junger Frühkartoffeln ist geeignet, aber nehmen Sie nur feste, gut geformte, makellose Knollen von gleicher Größe, damit sie alle gleichzeitig gar sind.*

# JUNGE KNOBLAUCHKARTOFFELN

## Für 4 Personen

450 g junge Frühkartoffeln, leicht geschrubbt
2 Essl. (25 ml) Olivenöl
2 zerdrückte Knoblauchzehen
1 Essl. (15 g) frisch gehacktes Basilikum

*Für die Soße*

1 kleine geviertelte Zwiebel in Scheiben
1 Teel. (5 g) Paprika
1 Prise Cayennepfeffer
1 Teel. (5 g) Fenchelsamen
300 g pürierte Tomaten
300 ml Gemüsebrühe
2 Essl. (25 g) frisch gehacketes Basilikum
1 Teel (5 g) brauner Zucker
frisches Basilikum zum Garnieren

❶ Den Dämpfeinsatz mit Folie auslegen und die Kanten hochbiegen. Kartoffeln, Öl, Knoblauch und Basilikum hineingeben.

❷ Die Zutaten für die Soße in den Topf direkt geben, zum Kochen bringen. Die Kartoffeln zugedeckt über der Soße 45 Minuten dämpfen, bis sie gar sind. Mit Basilikum garnieren und mit der Soße servieren.

*Paprikaschoten haben einen kräftigen Geschmack, besonders wenn sie mit diesen herrlichen Zutaten mariniert und gedämpft werden. Sie können auf gedämpftem Reis oder auf Nudeln serviert werden.*

# IN CHILISOSSE MARINIERTE PAPRIKASCHOTEN AUF NUDELN

Für 4 Personen

1 große grüne Paprikaschote
1 große rote Paprikaschote
1 große gelbe Paprikaschote
1 große orangefarbene Paprikaschote
1 mittelgr. rote Chilischote
2 zerdrückte Knoblauchzehen
2 Essl. (25 ml) Sojasoße
2 Essl. (25 ml) klarer Honig
1 Essl. (15 ml) trockener Sherry
Saft einer mittelgr. Limone
1 Essl. (15g) frischer Rosmarin
frisch gemahlener schwarzer Pfeffer
1 l Gemüsebrühe
250 g chinesische Nudeln

❶ Die Paprikaschoten von Kern und Samen befreien und in Würfel schneiden. Mit den restlichen Zutaten ohne die Nudeln in eine Glasschüssel geben, die in den Dämpfeinsatz passt. Zudecken und eine Stunde marinieren lassen. Gelegentlich umrühren.

❷ Die Schüssel in den Dämpfeinsatz stellen und über der kochenden Brühe fest verschlossen 15 Minuten garen.

❸ Die Nudeln in die Brühe im Topf geben und alles weitere 5 Minuten kochen lassen, bis die Paprika gar ist. Die Nudeln abgießen und in eine vorgewärmte Schüssel füllen. Die Paprika darüber verteilen und sofort servieren.

*Fische und Meeresfrüchte sind unsere besten Eiweißlieferanten, und die meisten haben einen geringen Fettgehalt. Die Fette sind ungesättigt und somit gesünder als die Fette aus Fleisch.*

*Es stehen uns so viele verschiedene Fischsorten und Schalentiere zur Verfügung, dass wir unter den Rezepten dieser Welt freie Auswahl haben, und Dämpfen ist dabei die ideale Zubereitungsart. Dämpfen bewahrt die Feuchtigkeit, braucht kein zusätzliches Fett, erhält alle Nährstoffe, und wir erleben die Meeresfrüchte von ihrer besten Seite.*

*In diesem Kapitel finden Sie eine große Auswahl an Fisch und Schalentieren, bei den meisten Rezepten sind sie zudem nach Geschmack austauschbar. Die Rezepte beinhalten Hauptgerichte, leichte Zwischenmahlzeiten und Gerichte für besondere Anlässe, die gedämpften Fisch zu einem wahren Genuss machen.*

# FISCH & SCHALENTIERE

*Speck und Orange in der Füllung sind hervorragende Ergänzungen zum herrlichen Geschmack der gedünsteten Forellen. Zitrusfrüchte sind ideale Begleiter für fettreicheren Fisch. Sie können auch Grapefruits nehmen.*

# GEFÜLLTE FORELLE

Für 4 Personen

4 ganze Forellen (jede ca. 225 g), gesäubert
1 großer Kopf Römersalat, gewaschen und entblättert

*Für die Füllung*
100 g Couscous
25 g Butter
15 ml Olivenöl
2 Scheiben geräucherter Speck, zerkleinert
1 kleine Lauchstange, geschnitten
50 g gesäuberte und gehackte Pilze
1 kleine Orange, geschält, in kleine Stücke geschnitten
2 Essl. (25 g) Pinienkerne
2 Essl. (25 g) frisch gehackter Koriander

❶ Die Forellen innen und außen unter fließendem kalten Wasser säubern, mit Papiertüchern abtupfen und zur Seite stellen.

❷ Den Couscous in kochendem Wasser 10 Minuten quellen lassen, abgießen und in eine mit Folie ausgelegte Dämpfschale geben. Gut verschlossen 15 Minuten über heißem Wasser dämpfen, dann die Hälfte der Butter unterheben.

❸ In der Zwischenzeit das Olivenöl mit der restlichen Butter in einer Pfanne erhitzen und Speck und Lauch 5 Minuten anbraten. Die Pilze hinzugeben und weitere 2 Minuten dünsten.

❹ Diese Mischung mit der Orange, den Pinienkernen und dem Koriander zu dem Couscous geben und gut mischen.

❺ Mit einem Löffel je ein Viertel der Füllung in die Bauchhöhle einer jeden Forelle geben und mit dem Löffelrücken fest hineindrücken.

❻ Die Salatblätter 1 Minute dämpfen, bis man sie falten kann, dann damit die Forellen umwickeln. Den Schwanz herausschauen lassen.

❼ Die Fische in einen oberen Dämpfeinsatz geben, fest verschließen und 20 bis 25 Minuten, bis sie ganz gar sind, dämpfen. Köpfe und Schwänze abschneiden, mit Zitronen- oder Knoblauch-Mayonnaise servieren.

*Die Spieße schmecken auch köstlich, wenn Sie statt des Lachsfilets Weißfisch oder geräucherten Lachs nehmen. Spießen Sie zur Abwechslung Gemüsestückchen mit auf, wie Zucchini, kleine Tomaten und Zwiebeln.*

# LACHSSPIESSE MIT WILDPILZEN

## Für 4 Personen

1 kg Lachsfilet oder -steaks ohne Haut
8 wilde Pilze, geputzt
1 kleine gelbe Paprikaschote in Würfeln
Salz und frisch gemahlener schwarzer Pfeffer
Saft und Schale einer mittelgroßen Limone
1 zerdrückte Knoblauchzehe
15 ml Knoblauchessig
25 ml Olivenöl
1 Teel. (5 g) Dijon-Senf
1 Essl (15 g) frisch gehackter Dill
150 ml Fischbrühe
als Garnitur Limonenecken und frischer Dill
grüner Salat als Beilage

❶ Den Fisch unter fließendem Wasser säubern und trockentupfen. In Würfel schneiden und die Gräten entfernen. Die Pilze halbieren, mit dem Fisch und der Paprikaschote in eine flache Schüssel geben und alles salzen und pfeffern.

❷ Saft und Schale der Limone, Knoblauch, Essig, Olivenöl, Senf und Dill verrühren, in die Schüssel gießen und die Fischstücke gut benetzen. Zudecken und 2 Stunden marinieren lassen. Gelegentlich umrühren.

❸ Vier Holzspieße auf die gewünschte Länge schneiden und darauf die Fisch-, Paprika- und Pilzstücke abwechselnd aufreihen. Die Marinade zur Seite stellen.

❹ Im Dämpftopf Wasser zum Kochen bringen. Den oberen Dämpfeinsatz mit Folie auslegen und die Spieße hineinlegen. Mit einem Deckel gut verschließen, die Hitze reduzieren und 15 Minuten dämpfen.

❺ In einem Topf die Brühe mit der Marinade zum Kochen bringen und auf die Hälfte reduzieren. Die Spieße auf einem Teller arrangieren, die Soße darübergießen, mit Limonenecken und Dill garnieren. Servieren.

*Bei dieser Nudelsoße bleiben die Farben, die Beschaffenheit und der Geschmack von Fisch und Gemüse erhalten. Auf Wunsch können Sie auch Forellenfilets statt Lachs nehmen.*

# PENNE MIT LACHS UND BROKKOLI

Für 4 Personen

- 350 g Penne-Nudeln
- 250 g Brokkoliröschen
- 10 ml Olivenöl
- 5 ml Knoblauchessig
- 2 zerdrückte Knoblauchzehen
- Saft und Schale einer mittelgr. Orange
- 350 g Lachsfilet ohne Haut, in Würfel geschnitten
- 90 ml trockener Weißwein
- 150 ml Sahne
- 2 Essl. (25 g) frisch gehackter Dill
- 2 Essl. (25 g) frisch geriebener Parmesankäse
- Salz und frisch genahlener schwarzer Pfeffer
- Orangenstückchen und Dill zum Garnieren

❶ Den Dämpftopf zur Hälfte mit Wasser füllen und zum Kochen bringen, die Nudeln hineingeben und leicht salzen. Wenn die Penne al dente sein sollen, geben Sie sie etwas später ins Wasser

❷ Den Brokkoli in einen mit Wachspapier ausgelegten Dämpfeinsatz geben. Öl, Essig, Knoblauch, Saft und die geriebene Schale der Orange verrühren und darübergießen. Den Lachs unter fließendem Wasser abspülen, trockentupfen, zum Gemüse geben und alles gut verschließen.

❸ Über die im Salzwasser kochenden Nudeln setzen und 10 Minuten, oder bis Nudeln und Fisch gar sind, dämpfen.

❹ In der Zwischenzeit Wein, Sahne, Dill und Parmesan in einem Topf erhitzen, aber nicht kochen lassen. Nach Geschmack würzen.

❺ Nudeln abgießen und auf einen warmen Teller geben. Fisch, Brokkoli und dann die Soße darübergießen. Garnieren und sofort servieren.

*Pesto ist eine fantastische Soße für Lachs. Sie unterstreicht seinen Eigengeschmack und hat eine herrliche Farbe. Pesto kann 24 Stunden im Kühlschrank aufbewahrt werden.*

# SCHNELLER FISCH MIT PESTO

Für 4 Personen

*Für die Pesto-Soße*

- 3 gehackte Knoblauchzehen
- 2 Essl. (25 g) Pinienkerne
- 1 großer Bund Basilikum, abgespült
- 70 g frisch geriebener Parmesankäse
- 300 ml Olivenöl extra vergine
- 2 Essl. (25 ml) Zitronensaft
- 250 g Fusilli-Nudeln
- 8 Lachsforellenfilets (jedes ca. 75 g), ohne Haut
- Salz und frisch gemahlener schwarzer Pfeffer

❶ Knoblauch, Pinienkerne, Basilikum und Parmesankäse in einen Mixer geben und bei laufender Maschine nach und nach das Öl hineingießen. Danach den Zitronensaft hineinrühren.

❷ In der Zwischenzeit im Dämpftopf Wasser zum Kochen bringen, salzen und die Nudeln hineingeben. Den Fisch unter kaltem, fließenden Wasser abspülen und trockentupfen. Die Fischfilets mit Salz und Pfeffer würzen, in einen mit Wachspapier ausgelegten Dämpfeinsatz legen, verschließen und 10 Minuten dämpfen.

❸ Den Fisch auf vier Teller verteilen, die Soße darübergeben und mit den abgetropften Nudeln servieren. Mit Basilikum garnieren.

*Das farbenfrohe Relish kann im Kühlschrank aufbewahrt werden. Wenn Sie etwas übrig behalten, können Sie es kalt zu anderem Fisch oder Fleisch, z. B. zu Schweinebraten oder Hühnchen, servieren.*

# LACHS AUF MAIS-RELISH

Für 4 Personen

900 g Lachsfilets, in gleichgroßen Stücken
2 frische Rosmarinzweige
1 geschälte Knoblauchzehe
frisch gemahlener schwarzer Pfeffer

*Für das Relish*

2 Maiskolben (oder Mais aus der Dose)
300 ml Fischbrühe
1 kleine rote Paprikaschote, entkernt und zerkleinert
1 kleine grüne Chilischote, zerkleinert
2 geschnittene Frühlingszwiebeln
1 Essl. (15 ml) Knoblauchessig
1 Essl. (15 ml) Olivenöl
2 Essl. (10 g) brauner Zucker

❶ Den Fisch unter fließendem Wasser säubern und trockentupfen. Mit Rosmarin und Knoblauch auf angefeuchtetem Wachspapier in den oberen Dämpfeinsatz geben und mit Pfeffer würzen.
❷ Maiskolben, Brühe, Paprika und Chilischote in den Dämpftopf geben und zum Kochen bringen.
❸ Den Einsatz mit dem Fisch darübersetzen, alles dicht verschließen und 15 bis 20 Minuten garen lassen. Den Fisch herausnehmen und warmstellen. Rosmarin und Knoblauch entfernen.
❹ Mais, Paprika und Chilistücke aus der Brühe nehmen, die Maiskörner vom Kolben schneiden und mit Chili, Paprika, Frühlingszwiebeln, Essig, Öl und Zucker in eine Schüssel geben.
❺ Die Brühe aufkochen, auf die Hälfte reduzieren und zum Mais geben.
❻ Den Fisch auf einer vorgewärmten Platte anrichten, mit dem Relish garnieren und servieren.

*Diese bunten Fischzöpfe machen sich gut bei einer Party, oder wenn Sie ohne großen Aufwand Eindruck machen wollen. Sie sind auch eine köstliche Alternative zu den bekannten Fischstäbchen. Scholle ist ein vielseitiger, milder, fettarmer Fisch. Für eine leichtere Soße mischen Sie 8 Esslöffel Naturjogurt, je 1 Teelöffel Zitronen- und Limonensaft und eine zerdrückte Knoblauchzehe.*

# FISCHZOPF MIT LIMONEN-SOSSE

Für 4 Personen

650 g Lachsforellenfilets ohne Haut
450 g Schollenfilets ohne Haut
Saft und Schale einer mittelgr. Limone
1 zerdrückte Knoblauchzehe

*Für die Soße*
250 g Butter
3 Eigelb
2 Essl. (25 ml) Limonensaft
Schale einer mittelgr. Limone
2 zerdrückte Knoblauchzehen
2 Essl. (25 g) frisch gehackte Petersilie
Limonenstückchen und Dill zum Garnieren

❶ Die Filets unter fließendem Wasser abspülen und trockentupfen. Die Lachsforellen in acht und die Schollen in vier gleichlange Streifen schneiden. Auf einem Küchenbrett je einen Schollenstreifen mit zwei Lachsforellenstreifen verflechten oder umwickeln.

❷ Einen Dämpfeinsatz mit Wachspapier auslegen, die Fischzöpfe mit der Limone und dem Knoblauch hineinlegen.

❸ Mit einem gut schließenden Deckel zudecken und über kochendem Wasser 10 Minuten, oder bis der Fisch gar ist, dämpfen.

❹ Nach 5 Minuten Kochzeit mit der Soße beginnen. Dafür die Butter in einem Topf schmelzen und in einem Mixer die Eigelbe mit Saft und Schale der Limone verquirlen. Die geschmolzene Butter nach und nach bei laufender Maschine hinzugeben, dann den Knoblauch und die Petersilie hineinrühren und die Mischung in eine Schüssel gießen.

❺ Die Schüssel zum Erwärmen der Soße über einen Topf mit kochendem Wasser setzen. Den gegarten Fisch auf vorgewärmten Tellern anrichten und die Soße um den Fisch herumlöffeln. Mit den Limonenstückchen und dem Dill garnieren und sofort servieren.

*Eine Marinade aus Orange, Ingwer und Zwiebeln gibt dem Fisch ein köstliches Aroma und hält ihn schön saftig. Ein farbenfroher, geschmackvoller Genuss, den Sie mit jedem Weißfisch zubereiten können. Sie können statt der Orange auch eine Grapefruit nehmen, aber hier nicht die Schale.*

# IN ORANGE UND INGWER MARINIERTER WEISSFISCH

Für 4 Personen

4 große Weißfischfilets (Renke, Felchen o.Ä.) ohne Haut (je ca. 175 g)
Saft und Schale einer halben mittelgr. Orange
2,5 cm Ingwerwurzel, geraspelt
2 zerdrückte Knoblauchzehen
4 gehackte Frühlingszwiebeln
Segmente einer mittelgroßen Orange
50 ml trockener Weißwein
2 Essl. (25 g) Butter
1 Essl. (15 g) frischer Schnittlauch, gehackt

1 Den Fisch unter fließendem Wasser abspülen, trockentupfen und in eine Glasschüssel geben. Die Hälfte des Orangensafts und der Schale, Ingwer, Knoblauch, Frühlingszwiebeln und die Hälfte der Orangensegmente dazumischen, zudecken und 1 Stunde marinieren lassen.
2 Fisch, Orange und Zwiebeln herausnehmen und in einen mit Wachspapier ausgelegten Dämpfeinsatz geben. Die Marinade aufheben. Den Dämpftopf fest verschließen und 10 bis 15 Minuten dämpfen.
3 Die Marinade mit dem restlichen Orangensaft und der Schale und dem Wein in einem kleinen Topf zum Kochen bringen und in 2 bis 3 Minuten reduzieren. Vom Herd nehmen und die Butter hineinrühren, um die Soße glänzend zu machen. Den Schnittlauch zugeben.
4 Den Fisch auf vorgewärmten Tellern mit der Soße anrichten. Mit Schnittlauch und Orangensegmenten garnieren und mit Reis servieren.

*Dieses Gericht hat mit seinen frischen, reifen Tomaten, den Oliven und dem Zitrussaft den typisch mediterranen Geschmack. Auf einem knusprigen Focaccia-Fladenbrot serviert, passt es gut zu trockenem Weißwein.*

# KABELJAU-FOCACCIA

## Für 4 Personen

4 Kabeljaufilets ohne Haut (je ca. 100 g)
45 ml Olivenöl
Saft und Schalen von 2 mittelgr. Limonen
3 zerdrückte Knoblauchzehen
1 Teel. (5 g) gemahlener Koriander
1 Teel. (5 g) Fenchelsamen
2 große Tomaten, entkernt und geachtelt
4 Essl. (50 g) ganze, entsteinte, schwarze Oliven

*Für den Boden*

50 g Butter
1 Essl. (15 ml) Olivenöl
4 dicke Scheiben Focaccia (Fladenbrot)

1. Den Fisch unter fließendem Wasser säubern, trockentupfen und in eine Glasschüssel legen. Öl, Limonen, Knoblauch, Koriander und Fenchel mischen, über den Fisch gießen und ihn gut damit benetzen. Zudecken und mindestens 1 Stunde marinieren. Gelegentlich wenden.
2. Den Fisch mit den Tomaten und den Oliven in einen mit Wachspapier ausgelegten Dämpfeinsatz geben und die Marinade zur Seite stellen. Den Fisch mit einem Deckel gut verschließen und 10 bis 15 Minuten, oder bis er gar ist, dämpfen.
3. Die Butter mit dem Öl in einer Pfanne erhitzen und das Focaccia darin von beiden Seiten je 2 Minuten lang anbraten. Auf Küchenpapier abtrocknen lassen. Die Marinade in einer kleinen Pfanne erhitzen.
4. Auf jedem Focaccia ein Stück Fisch, Tomaten und Oliven anrichten und die warme Marinade darübergießen. Mit grünem Salat servieren.

*Dieses Gericht ist sehr pikant, aber die Schärfe kann gemildert werden, indem Sie nur die Hälfte der Chilischote nehmen. Die Soße kann bis zu 24 Stunden vorher im Kühlschrank aufbewahrt werden.*

# WEISSFISCH IN WÜRZIGER PFEFFERSOSSE

## Für 4 Personen

8 Weißfischfilets (Renke, Felchen, o.Ä.), ohne Haut, je ca. 75 g
1 Essl. (15 ml) Olivenöl
Saft einer halben mittelgr. Zitrone
4 Frühlingszwiebeln, gehackt
2 Zweige frisches Basilikum
Salz und frisch gemahlener schwarzer Pfeffer

*Für die Soße*

2 große rote Paprikaschoten
1 mittelgr. Chilischote
300 ml Fischbrühe
2 Essl. (25 g) frisch gehacktes Basilikum
frische Basilikumblätter zum Garnieren

❶ Den Fisch unter fließendem Wasser säubern, trockentupfen und in eine Schüssel legen. Olivenöl, Zitronensaft, Frühlingszwiebeln und Basilikum mischen, über den Fisch gießen und 2 Stunden stehenlassen.

❷ Die Paprikaschoten halbieren, entkernen und mit der Haut nach oben 10 Minuten unter den Backofengrill legen. Weitere 10 Minuten in einer verschlossenen Plastiktüte ruhenlassen und dann schälen.

❸ Die Paprika- und Chilischoten zerkleinern und mit der Fischbrühe und dem gehackten Basilikum in den Dämpftopf geben. Den Fisch mit der Marinade in den oberen, mit Folie ausgelegten Dämpfeinsatz legen. Fest verschließen und über der Soße 10 Minuten dämpfen.

❹ Fisch und Zwiebeln herausnehmen und warmstellen. Paprika und Brühe in einem Mixer zu einer glatten Soße verarbeiten. Die Fischfilets auf vorgewärmten Tellern anrichten, mit der Soße und frischem Basilikum garnieren und servieren.

*Diese kleinen Aufläufe können Sie mit jedem geräucherten Fisch machen, z. B. Schellfisch oder Lachs. Das Rezept schlägt Sahnequark vor, aber Sie können auch abgetropften Hüttenkäse nehmen.*

# SCHILLERLOCKENAUFLAUF

## Für 4 Personen

500 g frischer Spinat, Stiele entfernen und waschen

225 g geräucherte Schellfischfilets (Schillerlocken) ohne Haut zerkleinert

1 Ei

1 Eigelb

150 g Sahnequark

100 g Naturjogurt

2 Essl. (25 g) frisch gehackte Petersilie

Saft und Schale einer mittelgr. Limone

frisch gemahlener schwarzer Pfeffer

1 große Tomate in dünnen Scheiben

Limonenscheiben und Tomate zum Garnieren

❶ Im Dampfkochtopf Wasser zum Kochen bringen. Den Spinat im oberen Dämpfeinsatz 2 Minuten lang dämpfen, herausnehmen und alle Feuchtigkeit herausdrücken.

❷ Den Fisch unter fließendem Wasser waschen, trockentupfen und mit Ei, Eigelb, Quark, Jogurt, Petersilie, Limonensaft und -schale und Pfeffer in eine Küchenmaschine geben und 30 Sekunden pürieren.

❸ Die Hälfte des Spinats auf den Boden von vier gebutterten kleinen Auflaufformen geben und darauf die Hälfte der Fischmischung.

❹ Darauf eine Lage Tomaten schichten und dann die restliche Fischmischung. Mit dem restlichen Spinat abschließen.

❺ Die Formen in den oberen Dämpfeinsatz setzen, gut verschließen. 20 Minuten dämpfen, bis der Auflauf gestockt ist. Die Auflaufformen auf Teller stürzen, garnieren, mit warmem Brot oder Toast servieren.

*Rochen ist ein sehr schmackhafter Fisch, aber auch Kabeljau oder Seeteufel passen zu diesem Rezept. Estragon und Fisch sind eine perfekte Kombination, Sie können aber auch Dill oder Fenchelkraut verwenden.*

# ROCHEN MIT ESTRAGONBUTTER

## Für 4 Personen

2 mittelgr. Rochenflügel, ca. 900 gr
150 ml trockener Wermut
Saft und Schale einer mittelgr. Orange
1 kleine Lauchstange, in mitteldicke Scheiben geschnitten
1 mittelgr. rote Zwiebel, geviertelt und in dünne Scheiben geschnitten

*Für die Estragonbutter*
100 g Butter
2 Essl. (25 g) frisch gehackter Estragon
einige Tropfen Tabasco
2 Teel. (10 g) zerdrückter bunter Pfeffer
Salz
Estragonblätter zum Garnieren

1. Die Rochenflügel unter kaltem Wasser säubern, mit Küchenpapier trockentupfen und für vier gleichgroße Portionen halbieren.
2. Zwei Dämpfeinsätze mit Wachspapier auslegen und je zwei Fischportionen hineinlegen.
3. Die Hälfte von Saft und Schale der Orange mit dem Wermut mischen und über den Fisch gießen. Lauch und Zwiebel auf beide Gefäße verteilen und sie übereinander in den Dampfkochtopf setzen. Gut verschließen und 20 Minuten dämpfen. Nach halber Garzeit die untere Dampfschale nach oben setzen, bis der Fisch gleichmäßig gegart ist.
4. In der Zwischenzeit die Butter in einem kleinen Topf schmelzen, den Rest von Orangensaft und Schale sowie die restlichen Zutaten für die Soße hineinrühren. 2 bis 3 Minuten langsam erhitzen.
5. Den Rochen aus dem Topf nehmen und auf vorgewärmten Tellern anrichten. Die Butter über den Fisch löffeln und mit Orangenscheiben und frischen Estragonzweigen garnieren. Mit frisch gedämpftem Gemüse und neuen Kartoffeln servieren.

*Crêpes eignen sich sehr gut für eine leichte Fischmahlzeit. Backen Sie die Crêpes am Vortag und wärmen Sie sie, bevor Sie sie füllen, im oberstene Dämpfeinsatz auf. Crêpes kann man auch gut einfrieren und bei Raumtemperatur auftauen, bevor man sie füllt.*

# MEERESFRÜCHTE-CREPES

Für 4 Personen

*Für die Füllung*

100 g Weißfischfilets
100 g geräuchertes Kabeljaufilet
225 g gemischte vorbereitete Meeresfrüchte, wie Venus- und Miesmuscheln, Tintenfisch und Krabbenfleisch
50 g Butter
50 g Mehl
300 ml Milch
150 ml trockener Weißwein
2 Essl. (25 g) frisch gehackter Schnittlauch
1 Essl. (15 g) frisch gehackter Estragon
50 g frisch geriebener Käse (Cheddar, Gouda o.Ä.)

*Für die Crêpes*

100 g Mehl
1 Prise Salz
1 Ei
300 ml Milch
Öl zum Braten

❶ Den Fisch und die Meeresfrüchte unter kaltem, fließenden Wasser säubern und trockentupfen. Den Fisch in 2,5 cm große Würfel schneiden und ihn mit den Meeresfrüchten in den oberen mit Wachspapier ausgelegten Dämpfeinsatz legen. Im fest verschlossenen Topf über kochendem Wasser 5 bis 7 Minuten dämpfen, bis der Fisch gar ist.
❷ Für die Soße die Butter schmelzen, das Mehl hineinrühren und eine Minute kochen lassen. Nach und nach Milch und Wein hineinrühren, aufkochen lassen und weiterrühren, bis die Soße angedickt ist.
❸ Die Soße vom Herd nehmen. Den Fisch, die Meeresfrüchte, die Kräuter und den Käse unterheben.
❹ Für die Crêpes das Mehl mit Salz in eine Rührschüssel sieben. In der Mitte eine Vertiefung machen und von innen her das Ei und die Milch mit dem Mehl verkneten und zu einem geschmeidigen Teig verarbeiten. In einer Crêpe-Pfanne (15 cm) etwas Öl erhitzen und weggießen. Ein Viertel des Teiges hineingeben und die Pfanne drehen, damit der Boden bedeckt ist. 2 Minuten backen, wenden, 1 Minute backen und herausnehmen. Mit dem Öl und dem restlichen Teig genauso verfahren.
❺ Die Crêpes zu Tüten rollen, die Fischmischung einfüllen und auf eine feuerfeste Platte legen. Diese in den oberen Dämpfeinsatz setzen und 5 Minuten lang dämpfen. Sofort mit Zitronenstückchen und Salat servieren.

*Wenn Sie keinen Hummer bekommen können, gelingt der Salat auch mit Garnelenfleisch. Servieren Sie ihn mit warmem Käse oder Knoblauchbrot.*

# WARMER HUMMERSALAT

Für 4 Personen

2 gekochte Hummer zu je 500 g
2 Selleriestangen, in Streifen geschnitten
1 mittelgr. rote Zwiebel, halbiert und fein geraspelt
4 Baby-Maiskolben, längs halbiert
1 mittelgr. Möhre, in Streifen geschnitten
50 g Zuckerschoten in Streifen
gemischte, grüne Salatblätter
Limonenviertel zum Garnieren

*Für die Salatsoße*

2 Essl. (25 ml) Olivenöl
1 Essl. (15 ml) Limonensaft
1 Essl. (15 ml) Knoblauchessig
1 Teel (5 g) Dijon-Senf
2 zerdrückte Knoblauchzehen
1 Essl (15 g) frisch gehackter Dill

❶ Die Hummer halbieren, das Fleisch herausnehmen und in 2,5 cm große Würfel schneiden. Ein Blatt feuchtes Wachspapier in den Dämpfeinsatz legen und das Hummerfleisch mit dem Gemüse daraufgeben. Gut verschließen und 10 Minuten lang über kochendem Wasser dämpfen, bis das Gemüse zart und der Hummer heiß ist.

❷ Inzwischen die Salatblätter in einer Schüssel anrichten und die Zutaten für die Salatsoße in einem kleinen Topf langsam erhitzen.

❸ Das Hummerfleisch mit dem Gemüse auf die Salatblätter geben und die Soße darübergießen. Mit Dill garnieren und sofort servieren.

*Pikantes Krebsfleisch ist eine hervorragende Füllung für Zucchini oder andere Gemüsesorten wie Paprikaschoten oder Kürbisse. Wenn Sie kein frisches Krebsfleisch bekommen, können Sie auch Dosenfleisch verwenden.*

# ZUCCHINI MIT KREBSFLEISCH

Für 4 Personen

4 große Zucchini
1 kleine gelbe Paprikaschote, vom Gehäuse befreit und geschnitten
2 Selleriestangen, geschnitten
1 Essl. (15 g) Kapern
1 Essl. (15 g) gehackte schwarze Oliven
500 g Krebsfleisch
50 g Mayonnaise
1 Essl. (15 ml) Limonensaft
Schale einer mittelgr. Limone
einige Tropfen Tabasco oder eine andere scharfe Soße
Salz und frisch gemahlener schwarzer Pfeffer
1 Prise Cayennepfeffer
50 g frisch geriebener Mozzarella

1. Die Enden der Zucchini abschneiden und ganz 7 bis 8 Minuten lang in kochendem Wasser blanchieren. Abtropfen und abkühlen lassen.
2. Die Zucchini der Länge nach halbieren und mit einem Teelöffel die Samen herausstechen.
3. Die restlichen Zutaten ohne den Mozzarella zusammenmischen und in die Zucchini füllen. Den Käse darüberstreuen.
4. Die gefüllten Zucchini in einen Dämpfeinsatz legen, fest verschließen und 15 bis 20 Minuten lang dämpfen, bzw. bis alles gar ist. Sofort mit knackigem Salat servieren. Wenn Sie die Oberfläche knusprig haben wollen, schieben Sie das Ganze noch kurz in den Backofengrill.

*Dämpfen ist eine gute Zubereitungsart für Tintenfische, weil sie dabei sehr zart werden. Sparen Sie nicht an der Zeit fürs Marinieren, denn die Zutaten saugen dabei die mediterranen Gewürze auf.*

# MEDITERRANER TINTENFISCH

Für 4 Personen

8 große, gesäuberte Tintenfische
1 kleine, geachtelte, rote Zwiebel
16 schwarze Oliven ohne Stein
2 große Fleischtomaten ohne Gehäuse und zerkleinert
100 g gewürfelter Feta-Käse
2 Essl. (25 g) frisch gehackter Koriander oder Oregano

*Für die Marinade*
2 Essl. (25 ml) Olivenöl
2 Essl. (25 ml) Zitronensaft
1 zerdrückte Knoblauchzehe
frisch gemahlener schwarzer Pfeffer

*Für die Soße*
300 ml Cremejogurt
50 g gewürfelte Salatgurke
2 zerdrückte Knoblauchzehen
2 Teel. (10 ml) Zitronensaft
frisch gehackter Oregano
Zitronenschale zum Garnieren

1. Den Tintenfisch unter fließendem Wasser säubern und trockentupfen. In Ringe schneiden und mit der Zwiebel, den Oliven, Tomaten, dem Feta-Käse und den Kräutern in eine Glasschüssel geben.
2. Die Zutaten für die Marinade zusammenrühren, über die Tintenfischmischung geben und alles gut mischen. Zudecken und eine Stunde marinieren lassen. Gelegentlich umrühren.
3. Die Zutaten aus der Marinade nehmen und in einen mit feuchtem Wachspapier ausgelegten Dämpfeinsatz geben. Das Wasser im Dampfkochtopf zum Kochen bringen und den Tintenfisch mit den restlichen Zutaten darübersetzen. Mit einem fest sitzenden Deckel verschließen und 5 Minuten garen, bis der Tintenfisch zart ist.
4. In der Zwischenzeit die Zutaten für die Soße in einer Schüssel vermischen und kühlen.
5. Den Tintenfisch mit warmem Brot servieren und die Soße dazu reichen.

*Fenchel passt gut zu saftigen Miesmuscheln. Er gibt sein feines Anisaroma weiter, das so gut zu den Meerestieren passt. Nehmen Sie weißen Traubensaft statt Wein, wenn Sie keinen Alkohol verwenden möchten.*

# GEDÄMPFTE MUSCHELN IN FENCHEL-SAHNE-SOSSE

Für 4 Personen

2 kg Miesmuscheln, geschrubbt und von allen Fäden befreit
1 kleine Möhre, in feine Streifen geschnitten
1 kleine Fenchelknolle
2 zerdrückte Knoblauchzehen
600 ml Fischbrühe

*Für die Soße*
25 g Butter
1 kleine rote Zwiebel, gewürfelt
1 zerdrückte Knoblauchzehe
90 ml trockener Weißwein
1 Essl (15 g) frisch gehackte, gemischte Kräuter
frisch gemahlener schwarzer Pfeffer
90 ml Sahne

❶ Die Muscheln säubern, alle Fäden entfernen und diejenigen aussortieren, die sich beim Antippen öffnen. Die Muscheln mit den Möhrenstreifen in den Dampfkochtopf geben.
❷ Die halbe Fenchelknolle zerkleinern und mit dem Knoblauch und der Brühe hinzugeben. Den Topf fest verschließen und 5 Minuten dämpfen.
❸ Alle Muscheln, die sich nicht geöffnet haben, aussortieren und die anderen mit einem Schöpflöffel herausnehmen und warm stellen. 180 ml Brühe abmessen und zur Seite stellen.
❹ In der Zwischenzeit die Butter in einer Pfanne erhitzen und Zwiebel und Knoblauch 2 Minuten lang andünsten, bis sie weich sind. Wein, Kräuter, schwarzen Pfeffer und Sahne hinzugeben und die aufgehobene Fischbrühe hineingießen.
❺ Mit der restlichen zerkleinerte Fenchelknolle 8 bis 10 Min. kochen.
❻ Die Muscheln auf vorgewärmten Tellern mit dem Gemüse anrichten, mit dem Wein und der Sahnesoße servieren.

---

*Kammmuscheln sind besonders köstlich mit einer Sahnesoße, die ihren Eigengeschmack verstärkt und nicht übertönt. Achten Sie beim Dämpfen darauf, dass die Muscheln nicht zu lange garen.*

# KAMMMUSCHELN IN SAFRAN-SAHNE

Für 4 Personen

20 frische, geputzte Kammmuscheln
Saft und Schale einer mittelgroßen Zitrone
1 zerdrückte Knoblauchzehe
1 Teel. (5 g) frisch geraspelter Ingwer

*Für die Soße*
150 ml Sahne
50 ml trockener Weißwein
50 ml Fischbrühe
1 Essl. (15 g) frisch gehackter Schnittlauch
einige Safranfäden

❶ Die Muscheln unter fließendem Wasser abspülen, trockentupfen und in eine Schüssel geben. Zitronensaft und -schale mit Knoblauch und Ingwer verrühren und über das Muschelfleisch geben. Umrühren, damit alles gut benetzt wird, und 1 Stunde marinieren lassen. Gelegentlich umrühren.
❷ Die Muscheln aus der Marinade in einen mit Wachspapier ausgelegten Dämpfeinsatz geben, zugedeckt in 3 bis 4 Minuten gar dämpfen.
❸ In der Zwischenzeit die Zutaten für die Soße in einem kleinen Topf erhitzen und 5 bis 7 Minuten kochen.
❹ Die Kammmuscheln mit dem Gemüse anrichten, mit der Soße übergießen und mit gedämpftem Reis oder Nudeln servieren.

*Mit der Kombination von leicht süßer Kokosmilch und feurigen Gewürzen ist dieses Garnelengericht ideal für eine Abendeinladung. Für eine mildere Version nehmen Sie weniger Chili oder lassen die scharfen Gewürze weg.*

# PIKANTE KNOBLAUCH-GARNELEN

Für 4 Personen

300 g rohes, geputztes Garnelenfleisch
2 große Zucchini, in feine Streifen geschnitten
1 mittelgr. rote Chilischote, sehr klein gehackt
1 mittelgr. Möhre, in feinen Streifen
1 mittelgr. rote Paprikaschote, in feine Streifen geschnitten
2 mittelgr. Tomaten, ohne Gehäuse, in kleine Stücke geschnitten
2 Essl. (25 ml) Olivenöl
1 Teel (5 g) frisch geriebener Ingwer
4 zerdrückte Knoblauchzehen
Saft und Schale einer mittelgr. Limone
1 Teel. (5 g) gemahlener Kurkuma
1 Teel. (5 g) gemahlener Koriander
1 Teel. (5 g) gemahlener Kümmel
50 ml Kokosmilch
1 Essl. (15 g) milde Sojasoße
250 g ungekochte chin. Eiernudeln
2 Essl. (25 g) frisch gehackter Koriander
frische Korianderblätter zum Garnieren

1. Die Garnelen unter fließendem Wasser säubern, trockentupfen und mit dem Gemüse in eine Glasschüssel geben. Öl, Ingwer, Knoblauch, Limone, Gewürze, Kokosmilch und Sojasoße zusammenrühren und darübergießen. 1 Stunde marinieren lassen und gelegentlich umrühren.
2. Den Dampftopf zur Hälfte mit Wasser füllen und kochen lassen. Den Boden des Dämpfeinsatzes mit Wachspapier auslegen, die Garnelen, das Gemüse und die Marinade hineingeben, gut verschließen und 10 Minuten dämpfen. Die Nudeln unten in das kochende Wasser geben, die Garnelen wieder darübersetzen und weitere 5 Minuten dämpfen, oder bis die Nudeln und Garnelen gar sind.
3. Den Dämpfeinsatz herausnehmen, die Nudeln abgießen und auf vorgewärmten Tellern anrichten. Die Garnelenmischung darübergeben. Mit Koriander garnieren und servieren.

*Dämpfen ist eine hervorragende Methode, um den saftigen Geschmack von Geflügel zu erhalten. Geflügel enthält viel Eiweiß, Vitamine und Mineralien und gehört zum beliebtesten Fleisch auf unserem Speiseplan. Bei den meisten Gerichten wird die Haut vor der Zubereitung entfernt, so enthält das Fleisch weniger Fett.*

*Da Geflügel so vielseitig einsetzbar ist, ist es leicht, dafür eine große Auswahl an verführerischen Gerichten zusammenzustellen. Sie können das Fleisch auf Spießen garen, oder es mit Zitrone, Öl, frischen Kräutern und anderen Gewürzen marinieren, es füllen, oder es in einem einfachen Risotto verarbeiten.*

# GEFLÜGEL

*Die karamellisierte Ananas verleiht diesem farbenfrohen Gericht das Aussehen und den Geschmack der Karibik und passt hervorragend zu dem würzigen Huhn.*

# KARIBISCHES HUHN

Für 4 Personen

4 Hähnchenbrustfilets (je ca. 100 g) o. Haut
Salz und frisch gemahlener schwarzer Pfeffer
Saft und Schale einer mittelgr. Limone
1 Essl. (15 ml) Olivenöl
1 mittelgr. rote Zwiebel, halbiert und in dünne Scheiben geschnitten
4 zerdrückte Knoblauchzehen
2 Essl. (10 g) frisch geriebener Ingwer
1 mittelgr. gehackte, rote Chilischote
2 gr. Tomaten, ohne Kerne, in kleinen Stücken
250 g geschälte, zerkleinerte Süßkartoffeln
1 mittelreife, geschnittene Banane
600 ml Hühnerbrühe
1 Zimtstange
250 g Reis
25 g Butter
25 g brauner Zucker
1 kleine Ananas, ohne Kern und Schale, in 16 Stücke geschnitten
frisch gehackte Petersilie zum Garnieren

❶ Das Huhn unter kaltem Wasser säubern, trockentupfen, salzen, pfeffern und in Saft und Schale der Limone wälzen.

❷ Im Dampftopf das Öl erhitzen und das Huhn 3 bis 4 Minuten von beiden Seiten kurz anbraten, bis die Poren geschlossen sind. Zwiebel, Knoblauch, Ingwer und Chili hinzugeben und weitere 2 Minuten dünsten.

❸ Die Tomaten, die Süßkartoffel und die Banane hineinrühren. Die Brühe und den Zimt hinzugeben und 1 Stunde köcheln lassen.

❹ In der Zwischenzeit den Reis 15 Minuten kochen und abtropfen lassen. Den Dämpfeinsatz mit einem feuchten Geschirrtuch auslegen, den Reis hineingeben, über die Huhnmischung setzen, gut verschließen und 15 Minuten lang dämpfen, bis der Reis gar ist.

❺ Butter mit Zucker in einer Pfanne schmelzen, die Ananas hineingeben, 5 Minuten garen und wenden, bis sie mit Sirup überzogen ist.

❻ Reis auf vorgewärmten Tellern anrichten, die Huhnmischung daraufgeben, mit der heißen Ananas servieren und mit Petersilie garnieren.

*Dieses Gericht hat einen sehr delikaten Geschmack. Servieren Sie es als leichte Mahlzeit mit gedämpftem Reis und Gemüse. Mangostücke können die Weintrauben ersetzen.*

# KNOBLAUCHHUHN MIT GURKE UND WEINTRAUBEN

Für 4 Personen

4 Hähnchenbrustfilets (je ca. 100 g)
1 Knoblauchzehe
Salz und frisch gemahlener schwarzer Pfeffer
1 mittelgr. Salatgurke, in Streifen geschnitten
100 g kernlose rote Weintrauben, halbiert

*Für die Soße*
150 ml Hühnerbrühe
75 ml Sahne
2 Essl. (25 g) frisch gehackter Estragon
1 Eigelb

1. Die Filets unter kaltem Wasser abspülen, trockentupfen und beide Seiten mit Knoblauch einreiben. Salzen, pfeffern und mit dem Knoblauch in den ersten Dämpfeinsatz legen.
2. 15 Minuten dämpfen. Einsatz nicht herausnehmen.
3. Gurke und Weintrauben in den zweiten Dämpfeinsatz über das Huhn setzen und 5 Minuten dämpfen, oder bis das Huhn gar ist.
4. In der Zwischenzeit alle Zutaten für die Soße ohne das Eigelb in einem kleinen Topf mischen und langsam erhitzen, aber nicht kochen. Vom Herd nehmen und das Eigelb mit einem Schneebesen einrühren.
5. Die Gurke und die Trauben in die Soße rühren. Das Huhn auf vorgewärmten Tellern anrichten und mit der Soße und frisch gedämpftem Gemüse servieren.

---

*Dies ist ein Gericht für den Winter und mit den Kartoffeln auch eine ganze Mahlzeit. Es ist trockener als ein traditionelles Ragout und eignet sich auch für Lammkoteletts.*

# HUHN-KARTOFFEL-RAGOUT

Für 4 Personen

4 Stücke vom Huhn (jedes ca. 300 g), ohne Haut und Knochen
2 mittelgr. Möhren, in dünnen Scheiben
2 Selleriestangen, gehackt
250 g gelbe Rüben, grob zerkleinert
1 mittelgr. rote Zwiebel, geviertelt und in dünne Scheiben geschnitten
50 g grüne Bohnen, gedrittelt
50 g Baby-Mais
2 Essl. (25 g) frisch gehackter Thymian
1 Lorbeerblatt
150 ml Hühnerbrühe
90 ml trockener Cidre oder Apfelsaft
Salz und frisch gemahlener schwarzer Pfeffer
2 große Kartoffeln, geschält und geschrubbt

1. Das Fleisch unter fließendem Wasser säubern, trockentupfen und mit Gemüse, Kräutern, Brühe und Cidre oder Apfelsaft in ein feuerfestes Gefäß geben, das in den oberen Dämpfeinsatz passt. Gut würzen.
2. Mit einer gefalteten Folie und einem Faden dicht verschließen.
3. Die Kartoffeln mit dem Salzwasser in den Dampftopf geben und den Einsatz mit der Huhnmischung darübersetzen. Gut verschließen und 60 bis 90 Minuten dämpfen, oder bis alles gar ist.
4. Die Kartoffeln nach 10 Minuten aus dem Wasser nehmen, in dünne Scheiben schneiden und in den mit Wachspapier ausgelegten obersten Dämpfeinsatz über das Huhn setzen. 20 Minuten dämpfen.
5. Das Huhn mit dem Gemüse auf vorgewärmten Tellern anrichten und die Kartoffelscheiben darübergeben. Mit frischem grünen Salat und knusprigem Brot servieren.

*Wenn Sie ein Risotto im Dampftopf kochen, können sie in den beiden Dämpfeinsätzen darüber gleichzeitig eine Vorspeise und ein Dessert garen. Verwenden Sie am besten Arborio-Reis für Ihr Risotto.*

# HUHN-SAFRAN-RISOTTO MIT LAUCH UND SPARGEL

Für 4 Personen

- 50 g Butter
- 2 mittelgr. zerkleinerte Lauchstangen
- 2 zerdrückte Knoblauchzehen
- 1 mittelgr. rote, gewürfelte Paprikaschote
- 250 g Arborio-Reis
- 500 g mageres Hühnerfleisch, ohne Haut und Knochen, in Würfel geschnitten
- einige Safranfäden
- 500 ml Hühnerbrühe
- 150 ml trockener Weißwein
- 8 Baby-Maiskolben, längs halbiert
- 4 Essl. (50 g) tiefgefrorene Erbsen
- Salz und frisch gemahlener schwarzer Pfeffer
- 4 Essl. (50 g) geviertelte Spargelstangen
- 4 Essl. (50 g) frisch geriebener Parmesankäse

❶ Die Butter im Dampftopf schmelzen und darin Lauch, Knoblauch und Paprika 2 bis 3 Minuten lang andünsten, umrühren und den Reis 2 Minuten hinzugeben.

❷ Fleisch waschen, trockentupfen und mit dem Safran untermischen. Brühe und Wein zusammengießen und ein Drittel davon hinzugeben. Aufkochen und 20 Minuten gut verschlossen köcheln lassen.

❸ Mais und Erbsen hinzugeben, würzen und noch ein Drittel der Flüssigkeit einrühren. Zugedeckt weitere 20 Minuten köcheln lassen.

❹ Die restliche Flüssigkeit dazugießen, Spargel und Käse unterheben weitere 10 Minuten kochen, bis der Reis gar ist. Sofort servieren.

*Dieses traditionelle spanische Gericht wird normalerweise in einer großen offenen Pfanne gekocht. Im geschlossenen Dampfkochtopf aber werden bei dieser Variation des Rezeptes alle Aromastoffe erhalten, und die Konsistenz von Reis und Gemüse ist später perfekt. Wenn Sie keinen Safran bekommen können, nehmen Sie 3 g Kurkuma.*

# PAELLA

Für 4 Personen

450 g Hühnerfleischwürfel, ohne Haut und Knochen
2 Essl. (25 ml) Olivenöl
4 Scheiben Salami
1 gr. rote Zwiebel, geviertelt, in Scheiben
2 zerdrückte Knoblauchzehen
1 große rote Paprikaschote, gewürfelt
180 g Arborio-Reis
600 ml Hühnerbrühe
Salz und frisch gemahlener Pfeffer
1 große Prise Cayennepfeffer
einige Safranfäden
100 g Krabbenfleisch
16 Miesmuscheln, geschrubbt, ohne Fäden
50 g Erbsen
frisch gehackte Petersilie zum Garnieren

❶ Das Fleisch unter fließendem Wasser säubern und trockentupfen. Das Öl im Dampftopf erhitzen, das Huhn 3 bis 4 Minuten rundum bräunen, Salami, Zwiebel, Knoblauch, Paprika und Reis hinzugeben und weitere 5 Minuten unter Rühren garen.

❷ Die Brühe hineingießen, salzen und pfeffern. Cayennepfeffer und Safran einstreuen, zudecken und 15 Minuten leicht dämpfen.

❸ Die restlichen Zutaten beigeben, den Topf wieder verschließen und weitere 5 bis 7 Minuten dämpfen, bis Huhn und Reis gar sind.

❹ In einer warmen Schüssel anrichten und mit Petersilie garnieren.

*Pecannüsse und Blauschimmelkäse passen sehr gut zusammen und ergeben eine herrliche Soße für diese farbenfrohen, saftigen Hühnertaschen. Statt Pecan- kann man auch Wal- oder Macadamianüsse nehmen.*

# GEFÜLLTES HUHN IN ROQUEFORT-PECANNUSS-SOSSE

Für 4 Personen

4 Hähnchenschnitzel (je ca. 100 g)
Salz und frisch gemahlener Pferrer
50 g frisches Vollkornpaniermehl
25 g gehackte Pecannüsse
5 Frühlingszwiebeln, gehackt
2 zerdrückte Knoblauchzchen
1 kl. rote Paprikaschote, geschnitten
2 Teel. (10 ml) Zitronensaft
Schale einer mittelgr. Zitrone
25 g Butter, geschmolzen

*Für die Soße*
15 g Butter
15 g Mehl
150 ml Milch
75 ml trockener Weißwein
50 g Roquefort (oder anderer Blauschimmelkäse), gekrümelt
25 g gehackte Pecannüsse
50 g frisch gehackte Kresse
50 ml Naturjogurt
Zitronenstücke und Kresse zum Garnieren

❶ Das Huhn unter fließendem Wasser säubern, trockentupfen und zwischen zwei Blätter Wachspapier legen. Mit einem Klopfer auf eine Dicke von ca. 5 mm klopfen. Achtung, nicht zu dünn klopfen! In jedes Schnitzel seitlich einen Schlitz schneiden, um eine Tasche zu bekommen. Von innen salzen und pfeffern.
❷ Die restlichen Zutaten für die Füllung mischen und in die Taschen füllen. Mit einem Löffelrücken die Füllung zusammendrücken.
❸ Die Hühnertaschen in den oberen, mit feuchtem Wachspapier ausgelegten Dämpfeinsatz legen, zudecken und 15 Minuten dämpfen, bis das Fleisch gar ist.
❹ In der Zwischenzeit die Butter in einem Topf schmelzen und das Mehl hinzugeben. 1 Minute lang anschwitzen und nach und nach Milch und Wein hineinrühren. Aufkochen, bis die Soße gebunden ist.
❺ Käse, Pecannüsse, Kresse und Jogurt hinzugeben und bei kleiner Hitze den Käse schmelzen lassen.
❻ Das Huhn auf einer vorgewärmten Servierplatte anrichten, die Soße darübergeben und mit Zitronenstückchen und Kresse garniert servieren.

*Couscous ist körniger Grieß, der beim Kochen leicht und locker wird. Dämpfen ist dafür die beste Zubereitungsart. Etwas Butter sorgt dafür, dass er nicht klebrig wird, und verbessert den Geschmack.*

# HUHN-COUSCOUS

Für 4 Personen

1 kg mageres, gewürfeltes Hühnerfleisch ohne Haut und Knochen
15 ml Olivenöl
1 l Hühnerbrühe
1 große, geachtelte, rote Zwiebel
2 zerdrückte Knoblauchzehen
eine Prise Safran
1 Zimtstange, zerbröselt
4 mittelgr. geviertelte Tomaten ohne Gehäuse
2 große Möhren in dicken Stücken
½ große, geachtelte Rübe
2 mittelgr. Zucchini, in dicken Scheiben
25 g Rosinen
5 g gemahlener Koriander
eine große Prise Cayennepfeffer
Salz und frisch gemahlener schwarzer Pferrer
350 g Couscous
25 g Butter
Korianderzweige zum Garnieren

❶ Das Fleisch unter fließendem Wasser säubern und trockentupfen. Öl im Dampftopf erhitzen und Huhn, Zwiebel und Knoblauch 3 bis 4 Minuten anbraten, bis die Fleischporen geschlossen sind. Das Fleisch mit der Brühe bedecken und Safran, Zimt, Tomaten, Möhren, Rüben, Zucchini, Rosinen, Koriander und Cayennepfeffer hinzugeben. Würzen und zugedeckt ca. 75 Minuten dämpfen, bis das Fleisch zart und gar ist.

❷ 50 Minuten vor Ende der Garzeit des Fleisches den Couscous in einer Schüssel mit kaltem Wasser 20 Minuten lang einweichen. Abgießen und in einen mit einem sauberen, feuchten Geschirrtuch ausgelegten Dämpfeinsatz geben. Gut schließen und über die Fleisch-Gemüse-Mischung stellen. 30 Minuten dämpfen, bis der Couscous gar ist.

❸ Butter unter den Couscous heben, mit einer Gabel auflockern und die Klümpchen zerdrücken. Auf einer warmen Platte anrichten und die Fleisch-Gemüse-Mischung darübergeben. Garnieren und servieren.

*Bereiten Sie diese leckeren Röllchen im voraus zu und heben Sie sie bis zu 4 Stunden lang im Kühlschrank auf. Dämpfen Sie die Röllchen anschließend 7 bis 10 Minuten zum Aufwärmen.*

# HUHNRÖLLCHEN MIT KRÄUTERN UND PILZEN

Für 4 Personen

4 Hähnchenbrustfilets, ohne Haut und Knochen (je ca. 100 g)
Salz und frisch gemahlener schwarzer Pfeffer
50 g Pilze, geputzt und geschnitten
2 geschnittene Frühlingszwiebeln
2 zerdrückte Knoblauchzehen
1 kleine, rote Paprika, geschnitten
75 g Frischkäse (Sahnestufe)
50 g gekochter Reis, am besten eine Mischung aus Wild- und Langkornreis

*Für die Butter*
75 g Butter
2 zerdrückte Knoblauchzehen
2 Essl. (25 g) frisch gehackter Estragon
1 Essl. (15 g) frisch gehackte Petersilie

❶ Das Fleisch unter fließendem Wasser säubern, trockentupfen und zwischen zwei Lagen Wachspapier legen. Mit einem Klopfer oder einer Teigrolle auf 5 mm Dicke klopfen oder rollen. Würzen.

❷ Pilze, Zwiebeln, Knoblauch, Paprika und Käse miteinander vermischen und den Reis hineinrühren. Die Mischung längs auf die Fleischscheiben geben und einrollen. Mit einer Nadel oder einem Zahnstocher feststecken und in einen Dämpfeinsatz legen.

❸ Butter, Knoblauch und Kräuter in eine Schale geben, die in einen Dämpfeinsatz passt, und zur Seite stellen.

❹ Das Huhn mit einem Deckel dicht verschließen und 20 Minuten lang, oder bis es gar ist, dämpfen.

❺ Fünf Minuten, bevor das Huhn gar ist, die Schale mit der Buttermischung in einem weiteren Dämpfeinsatz über das Huhn setzen, zudecken und dämpfen, bis die Butter geschmolzen und heiß ist.

❻ Die Röllchen auf einer vorgewärmten Platte anrichten, die Butter darübergießen und sofort servieren.

*Die Basilikumblätter verleihen dem Fleisch Farbe und Aroma. Sie können für dieses leichte und leckere Sommergericht auch kleine Spinatblätter oder Sauerampfer verwenden.*

# MARINIERTE BASILIKUM-HÄHNCHENSPIESSE

## Für 4 Personen

350 g Hühnerfleisch ohne Haut und Knochen
50 ml Walnussöl
15 ml Balsamico-Essig
Saft von einer halben mittelgr. Orange
25 ml klarer Honig
1 großer Bund frisches Basilikum
1 gehackte Schalotte
1 mittelgr. gelbe Paprika, gewürfelt
12 geputzte Pilzköpfe
12 mittelgr. Kirschtomaten
1 mittelgr. Chicorée oder das Herz eines kleinen Kopfsalates
Eichblattsalat

*Für die Salatsoße*

2 Essl. (25 ml) Walnussöl
2 Essl. (25 ml) Knoblauchessig
1 Teel. (5 g) Senf
25 ml klarer Honig
Saft von einer halben mittelgr. Orange
Salz und frisch gemahlener schwarzer Pfeffer

❶ Das Fleisch unter fließendem Wasser säubern, trockentupfen, in 2,5-cm-Würfel schneiden und in eine Glasschüssel geben. Walnussöl, Essig, Orangensaft, Honig, ein paar Basilikumblätter und die Schalotte miteinander verrühren und über das Fleisch geben. Umrühren, bis es benetzt ist. Zudecken, 1 Stunde marinieren lassen, gelegentlich wenden.

❷ Das Huhn aus der Marinade nehmen und jedes Stück in ein Basilikumblatt einwickeln. Mit den Paprikastücken, Pilzen und Kirschtomaten auf 4 Holzspieße stecken und diese auf einem feuerfesten Teller in den oberen Dämpfeinsatz setzen. Mit einem Deckel dicht verschließen und 15 Minuten lang dämpfen, oder bis das Fleisch gar ist.

❸ In der Zwischenzeit die Zutaten für die Salatsoße in einem kleinen Topf mischen und langsam erhitzen. Die Salatblätter auf einem Teller anrichten und die Spieße darauflegen.

❹ Die warme Salatsoße darübersprenkeln und mit frisch gemahlenem Pfeffer garnieren.

*Ein ganzes Huhn bleibt beim Dämpfen saftig und nimmt das herrliche Aroma der thailändischen Gewürze an. Wenn Sie keine Limonenblätter bekommen, verwenden Sie Minze oder Basilikumblätter.*

# GANZES THAILÄNDISCHES HUHN MIT KOKOSNUSS-SOSSE

## Für 4 Personen

1,5 kg ofenfertiges Huhn
1 große Zitrone, halbiert
10 g frisch geriebener Ingwer
1 große rote Chilischote, gehackt
2 zerdrückte Knoblauchzehen
10 g Zitronengras, gehackt
Saft einer mittelgroßen Limone
15 g frisch gehackter Koriander
Salz und frisch gemahlener Pfeffer
3 g thailändische Gewürzmischung (gem. Chili, getr. Knoblauch, Ingwer, gem. Koriander, gem. Zimt, gem. Kümmel, Sternanis, gem. Knoblauch)
25 ml Pflanzenöl
150 ml trockener Weißwein
Limonenblätter

*Für die Soße*

150 ml Hühnerbrühe
150 ml Kokosmilch

1. Das Huhn innen und außen waschen, trockentupfen und die halbierte Zitrone hineinlegen. Das Huhn in eine Glasschüssel legen.
2. Die übrigen Zutaten für die Marinade mischen (ohne die Limonenblätter) und über das Huhn gießen. Die Schüssel verschließen und mindestens 2 Stunden stehenlassen. Gelegentlich wenden.
3. Den Boden des oberen Dämpfeinsatzes mit den Limonenblättern belegen. Das Huhn aus der Marinade herausnehmen und auf die Blätter legen. Die Marinade aufheben. Zudecken und 60 bis 75 Minuten lang dämpfen, bis das Huhn gar ist.
4. Die Marinade in einem kleinen Topf mit der Brühe und der Kokosmilch erhitzen und mit dem Huhn und Jasmin-Reis servieren.

*Ihr Metzger oder die Feinkostabteilungen gut sortierter Supermärkte sollten sehr kleine Hähnchen haben. Wenn nicht, nehmen sie Hähnchenkeulen oder -viertel.*

# KLEINE HÄHNCHEN MIT CHILI-NEKTARINEN

## Für 4 Personen

4 sehr kleine Hähnchen, je ca. 350 g

*Für die Marinade*

2 zerdrückte Knoblauchzehen
1 gehackte rote Chilischote
1 gehackte Schalotte
50 ml Olivenöl
1 Essl. (15 ml) Balsamico-Essig

*Für die Soße*

25 g Butter
2 große, reife Nektarinen, in mittelgroße Stücke geschnitten
1 mittelgr. rote Chilischote, gehackt
2 Frühlingszwiebeln, gehackt
50 ml trockener Sherry
250 ml Hühnerbrühe

reife Nektarinen, Orange und Chilischote als Garnitur
frische Brunnenkresse zum Garnieren

❶ Das Fleisch unter fließendem Wasser spülen und trockentupfen. An beiden Seiten des Rückenknochens tief einschneiden und den Knochen entfernen (oder den Metzger bitten). Die Hähnchen mit der Brust nach unten fest auf einem Brett flachdrücken.
❷ Hähnchen in eine Schüssel legen, die Zutaten für die Marinade verrühren und darübergießen, bis das Fleisch von allen Seiten gut benetzt sind. Zugedeckt 1 Stunde marinieren lassen und gelegentlich wenden.
❸ Die Hähnchen in einen mit einem feuchten Blatt Wachspapier ausgelegten Dämpfeinsatz legen und zugedeckt 25 Minuten, oder bis das Fleisch gar ist, dämpfen.
❹ In der Zwischenzeit für die Soße die Butter in einem kleinen Topf schmelzen und die restlichen Soßenzutaten hineinrühren. Aufkochen lassen, die Hitze reduzieren und 10 Minuten köcheln lassen.
❺ Die Hähnchen auf einer vorgewärmten Platte anrichten, die Soße darübergeben, garnieren und mit gekochten Kartoffeln servieren.

*Viele verschiedene Trockenfrüchte passen zu diesem Gericht. Stellen Sie zum Beispiel eine Mischung aus Birnen, Mango, Äpfeln, Sultaninen und Kirschen zusammen.*

# HUHN MIT PIKANTEN TROCKENFRÜCHTEN

Für 4 Personen

12 Hühnerflügel, je ca. 75 g
175 g gemischte Trockenfrüchte wie Aprikosen, Pflaumen, Sultaninen, Pfirsiche, grob zerkleinert
2 Essl. (25 ml) trockener Sherry
75 ml Orangensaft
5 g gemahlener Koriander
3 g gemahlener Kümmel
3 g gemahlener Zimt
3 g Chilipulver
2 zerdrückte Knoblauchzehen
2 Essl. (25 ml) klarer Honig
25 g Butter

*Für den Reis*
100 g Langkornreis
600 ml Hühnerbrühe
2 gehackte Frühlingszwiebeln
1 Prise Kurkuma
1 kleine rote Chilischote, gehackt
Orangenstücke zum Garnieren

1. Die Hühnerflügel unter fließendem Wasser säubern, trockentupfen und mit dem Obst, dem Sherry, dem Orangensaft, den Gewürzen, dem Knoblauch und dem Honig in eine Schüssel geben. Zugedeckt 1 Stunde marinieren lassen und gelegentlich umrühren.
2. In der Zwischenzeit den Reis in der Brühe mit den Zwiebeln, dem Kurkuma und dem Chilipulver im Dampfkochtopf 15 Minuten lang kochen. Gut abtropfen lassen und in vier Auflaufförmchen füllen.
3. Die Flügel in den ersten Dämpfeinsatz legen und die Marinade aufheben. Die Reisförmchen in den nächsten Dämpfeinsatz stellen und darübersetzen. Mit einem fest schließenden Deckel versehen und 20 Minuten lang, oder bis das Fleisch gar ist, dämpfen.
4. In der Zwischenzeit die Marinade in einem kleinen Topf erhitzen und die Butter hineinrühren, um der Soße Glanz zu geben.
5. Die Hühnerflügel auf vorgewärmten Tellern anrichten und die Soße darübergießen. Eine Reisform auf jeden Teller stürzen und mit Orangenstücken garnieren. Sofort servieren.

*Das Hähnchen wird mit Paprika und Zimt gewürzt und mit einer reichhaltigen Soße serviert. Sie können auch Wachteln oder Hühnerportionen nehmen.*

# HÄHNCHEN IN PIKANTER SOSSE

Für 4 Personen

2 sehr kleine Hähnchen von je 350-450 g, halbiert
Saft einer großen Limone
5 g Zimtpulver
5 g Paprikapulver

*Für die Soße*
150 ml Rotwein
75 ml Hühnerbrühe
50 g Rosinen
3 g Zimt
25 g Butter

❶ Die Hähnchen unter fließendem Wasser säubern und trockentupfen. Mit Limonensaft, Zimt und Paprika einreiben und in einem Dämpfeinsatz über kochendes Wasser setzen. Zugedeckt 25 Minuten lang, oder bis das Fleisch gar ist, dämpfen.
❷ In der Zwischenzeit außer der Butter alle Zutaten für die Soße in einem kleinen Topf kochen lassen, bis sie auf die Hälfte reduziert ist.
❸ Die Butter nach und nach einrühren, bis die Soße geschmeidig ist und glänzt.
❹ Die Hähnchen aus dem Dampfkochtopf nehmen und mit der Soße übergossen servieren.

---

*Dieses Gericht hat einen leicht asiatischen Geschmack, der gut zu dem Hähnchenfleisch passt. Servieren Sie es mit gedämpftem Reis und/oder gemischtem Gemüse.*

# ORANGE-INGWER-HÄHNCHEN

Für 4 Personen

4 sehr kleine Hähnchen, je ca. 350 g
Saft und Schale von 2 mittelgr. Orangen
2,5 cm großes Stück Ingwerwurzel, gerieben
2 zerdrückte Knoblauchzehen
25 ml trockener Sherry
15 ml milde Sojasoße
mehrere gehackte Frühlingszwiebeln
50 g Butter
Orangenstücke zum Garnieren

❶ Das Fleisch unter fließendem Wasser säubern, trockentupfen und in eine Schüssel legen. Orangensaft, die Hälfte der Schale, Ingwer, Knoblauch, Sherry und Sojasoße miteinander verrühren, über die Hähnchen gießen. Zugedeckt 1 Stunde marinieren lassen, gelegentlich wenden.
❷ Die Hähnchen aus der Schüssel nehmen, die Marinade aufheben.
❸ Die Zwiebeln auf angefeuchteten Wachspapier in den Dämpfeinsatz geben, die Hähnchen darauflegen und alles dicht verschließen.
❹ 30 Minuten, oder bis das Fleisch gar ist, dämpfen. Die Marinade in einem kleinen Topf erhitzen und für den Glanz die Butter einrühren.
❺ Die Hähnchen auf vorgewärmten Tellern anrichten, die Soße darübergießen, garnieren und mit Reis und/oder leicht angedünstetem Gemüse servieren.

*Pute ist eine hervorragende, magere Fleischsorte, hier nach asiatischer Art zubereitet.*

# PUTENSPIESSE MIT ZWIEBEL-RELISH

Für 4 Personen

350 g mageres, gewürfeltes Putenfleisch
1 Essl. (15 ml) dunkle Sojasoße
1 Essl. (15 ml) helle Sojasoße
2 Essl. (25 ml) trockener Sherry
1 mittelgr. rote Chilischote, gehackt
2 zerdrückte Knoblauchzehen
1 mittelgr. Zucchini, in Stücken
8 Artischockenherzen aus der Dose
8 kleine Kirschtomaten
1 mittelgr. Limone, geviertelt

*Für das Relish*
25 g Butter
1 Essl. (15 ml) Öl
1 große Zwiebel, halbiert und in dünne Scheiben geschnitten
75 ml Gemüsebrühe
1 Essl. (15 ml) trockener Sherry
5 g Maisstärke
1 Essl. (15 g) frisch gehackte Petersilie
frisch gemahlener schwarzer Pfeffer

1. Das Fleisch unter fließendem Wasser säubern, trockentupfen und mit den Sojasoßen, dem Sherry, der Chilischote und dem Knoblauch in eine Schüssel geben. Zugedeckt 1 Stunde marinieren lassen. Gelegentlich umrühren.
2. Die Fleischwürfel und die Gemüsestücke auf vier Holzspieße stecken und diese in den oberen Dämpfeinsatz legen. 15 bis 20 Minuten dämpfen.
3. In einem Topf die Butter mit dem Öl erhitzen und die Zwiebel darin 10 Minuten andünsten, bis sie braun ist. Die restlichen Zutaten außer der Maisstärke hinzugeben und zugedeckt 10 Minuten lang köcheln.
4. Die Stärke mit 4 Teelöffeln kaltem Wasser verrühren und mit dem Relish verquirlen. Aufkochen lassen und so lange rühren, bis es angedickt und klar ist. Sofort mit den Spießen und grünem Salat servieren.

*Dies ist ein reichhaltiges Gericht. Fleisch und Soße haben einen kräftigen Geschmack. Statt der Ente können Sie auch Huhn, Pute oder Wildgeflügel nehmen. Servieren Sie als Beilage gekochte Kartoffeln.*

# ENTE MIT WALDPILZEN IN MADEIRA

Für 4 Personen

- 4 Entenbrustfilets ohne Haut, je ca. 175 g
- 3 zerdrückte Knoblauchzehen
- 300 ml Hühnerbrühe
- 100 ml Madeira
- 50 g Kirschmarmelade
- 250 g gemischte Waldpilze, geputzt und in dünne Scheiben geschnitten
- 2 Essl. (25 g) frisch gehackte Petersilie
- Salz und frisch gemahlener schwarzer Pfeffer
- 1 Essl. (15 g) Maisstärke

1. Die Filets unter fließendem Wasser säubern, trockentupfen, in Scheiben schneiden und in eine Schüssel legen. Ein Drittel des Knoblauchs, die ganze Brühe, Madeira und Marmelade zusammenrühren und über die Ente geben. Zugedeckt 1 Stunde marinieren lassen, gelegentlich wenden.
2. Den Dämpfeinsatz mit angefeuchtetem Wachspapier auslegen, die Pilze hineingeben und mit dem restlichen Knoblauch und der Petersilie bestreuen.
3. Die Entenfiletscheiben auf die Pilze legen und die Marinade aufheben. Zugedeckt 40 Minuten dämpfen, oder bis das Fleisch gar ist.
4. In der Zwischenzeit die Marinade in einem kleinen Topf erhitzen. Die Stärke mit 2 Esslöffeln kaltem Wasser zu einer Paste verrühren und mit der Marinade verquirlen. Aufkochen lassen und rühren, bis die Soße angedickt und sämig ist. Die Pilze auf vier vorgewärmten Tellern anrichten, die Entenbrust darauf arrangieren, die Soße darübergeben und mit Kartoffeln oder gedämpftem Reis servieren.

*Das Zitrusaroma der Limone ist ein idealer Gegenpol zur kräftigen Ente, Ingwer verleiht zusätzliche Würze. Das Preiselbeergelee können Sie durch Gelees aus schwarzen Johannisbeeren, Äpfeln oder Stachelbeeren ersetzen. Das Rezept ist auch für Pute oder Huhn geeignet.*

# INGWER-LIMONEN-ENTE AUF SPINATBETT

Für 4 Personen

- 4 Entenbrustfilets ohne Haut und Knochen, je ca. 175 g
- 50 g Preiselbeergelee (evtl. mit Portwein)
- 100 g frisch gewaschener, junger Spinat
- 1 große Möhre, in feine Streifen geschnitten
- 2 Selleriestangen, in feinen Streifen
- 50 g Zuckerschoten
- 1 mittelgr. rote Zwiebel, geviertelt und in dünne Scheiben geschnitten
- 2 mittelgroße Limonen
- 2,5 cm frische Ingwerwurzel, gerieben
- 500 ml Hühnerbrühe
- 150 ml Rotwein
- Petersilie sowie Schale und Stücke einer Limone zum Garnieren

❶ Die Filets unter fließendem Wasser säubern, trockentupfen, von beiden Seiten mit dem Gelee bestreichen und zur Seite stellen.

❷ Den Spinat in einen mit Wachspapier ausgelegten Dämpfeinsatz legen, das restliche Gemüse, Saft und Schale einer Limone, den Ingwer und zuletzt die Entenbrustfilets daraufgeben.

❸ Die Brühe und den Wein mit dem restlichen Limonensaft im Dampfkochtopf aufkochen und den Dämpfeinsatz mit der Ente darübersetzen. Zugedeckt 25 bis 30 Minuten dämpfen, bis das Fleisch gar ist.

❹ Das Entenfleisch aus dem Dampfkochtopf nehmen und warm stellen. Die Soße aufkochen und auf die Hälfte reduzieren. Die Ente auf einem Bett aus Gemüse anrichten, die Soße darübergießen, garnieren und servieren. Diese Gericht schmeckt gut mit Reis oder auch kleinen gekochten Kartoffeln.

*Dämpfen ist die ideale Zubereitungsart für zartes, mageres Fleisch. Allgemein gilt, dass Sie jedes Grill- oder Bratfleisch auch dämpfen können, wobei auch hier die Fleischstücke ungefähr gleichgroß sein sollten. Achten Sie vor dem Servieren darauf, dass das Fleisch gar und der Fleischsaft klar sind, und gleichen Sie die Kochzeit entsprechend an. Bei der schonenden Zubereitungsart des Dämpfens behält das Fleisch seine natürliche Saftigkeit und seinen Eigengeschmack, auch wenn dieser in einigen Rezepten durch Marinaden und Soßen noch weiter verbessert wird. Sie finden hier einfache Rezepte, aber auch solche, in denen das Fleisch mariniert, papillotiert oder aufgespießt wird sowie eine Reihe von internationalen Gerichten.*

# FLEISCH

*Die kräftige Marinade gibt dem Fleisch einen leicht asiatischen Geschmack und verleiht dem Gericht eine herrliche Glasur. Das Fleisch sollte gegen die Faser geschnitten werden, damit es noch zarter wird.*

# ZARTE SCHWEINELENDE AUF KARTOFFELSCHEIBEN

## Für 4 Personen

350 g Schweinefilet, in Scheiben
2 Essl. (25 ml) dunkle Sojasoße
2 Essl. (25 ml) klarer Honig
1 Essl. (15 ml) Sherry
2 Essl. (25 ml) Orangensaft
1 zerdrückte Knoblauchzehe
2 große, geschälte Kartoffeln
1 mittelgr. Möhre, in sehr feine Streifen geschnitten
4 Frühlingszwiebeln, gehackt
Orangenstücke zum Servieren

1. Die Filets in dünne Scheiben schneiden und in eine Schüssel geben. Sojasoße, Honig, Sherry, Orangensaft und Knoblauch zusammenrühren und das Fleisch damit gut benetzen. Zugedeckt 2 Stunden lang marinieren lassen.
2. In der Zwischenzeit die Kartoffeln in Salzwasser im Dampfkochtopf 5 Minuten kochen, herausnehmen, in sehr dünne Scheiben schneiden und auf einem feuerfesten Teller in vier Kreisen arrangieren, wobei sich die Scheiben überlappen. Den Teller in den obersten Dämpfeinsatz setzen.
3. Die Fleischscheiben auf feuchtem Wachspapier in den unteren Dämpfeinsatz legen und die Möhren und Zwiebeln darübergeben.
4. Den Einsatz mit dem Fleisch über die Dampfflüssigkeit setzen und den mit den Kartoffeln darüber. Fest zugedeckt 25 Minuten dämpfen, bis Fleisch und Kartoffeln gar sind.
5. In der Zwischenzeit die Marinade in einem anderen Topf erhitzen und auf eine glänzende Soße reduzieren.
6. Die Kartoffelscheiben auf vorgewärmten Tellern anrichten, Fleisch und Gemüse darübergeben und mit der Soße übergießen. Mit Orangenstücken garnieren, mit gedämpftem grünen Gemüse servieren.

*Dieses Rezept lehnt sich an das klassische Gulasch an, ist aber eine trockenere Version – ideal zu Kartoffelpüree oder Salzkartoffeln. Sie können auch zartes Rind- oder Lammfleisch nehmen und Jogurt statt der sauren Sahne.*

# SCHWEIN AUF UNGARISCHE ART

Für 4 Personen

300 g Schweinelende, in dünne Scheiben geschnitten,
25 g Butter
1 mittelgr. Zwiebel, geachtelt
2 zerdrückte Knoblauchzehen
2 mittelgr. Möhren, in feinen Streifen
4 gr. entkernte, geschnittene Tomaten
50 ml Fleisch- oder Gemüsebrühe
2 Teel. (10 g) Paprikapulver
150 ml saure Sahne
2 Essl. (25 g) frisch gehackte Petersilie

1. Alle Zutaten außer der sauren Sahne und der Petersilie in eine tiefe, feuerfeste Schale geben und in den Dämpfeinsatz stellen. Diesen in den Dampfkochtopf setzen und fest verschließen.
2. 30 Minuten dämpfen, bis das Fleisch zart und gar ist.
3. Die saure Sahne und Petersilie ebenfalls in die Schale geben und gut umrühren. Zugedeckt weitere 5 Minuten dämpfen. Mit Kartoffelpüree, Salzkartoffeln oder Nudeln servieren.

*Dieses schnelle Gericht für die ganze Familie schmeckt mit Cidre genauso köstlich wie mit Apfelsaft; dieser darf aber nicht gesüßt sein. Denken Sie auch hier daran, das Fleisch gegen die Faser zu schneiden, damit es zart wird.*

# SCHWEINEFILET MIT CIDRE

Für 4 Personen

- 450 g Schweinelende, in dünne Scheiben geschnitten
- 2 mittelgr. Lauchstangen, längs halbiert und in Scheiben geschnitten
- 8 Baby-Maiskolben, längs halbiert
- 8 Baby-Möhren, längs halbiert
- 150 ml ungesüßter Cidre oder Apfelsaft
- 2 Essl. (25 g) frisch gehackter Salbei
- 85 ml Sahne
- Salz und frisch gemahlener schwarzer Pfeffer

❶ Die Fleischscheiben in die Mitte eines Quadrats aus Alufolie geben.

❷ Die Seiten zu einem Päckchen hochschlagen und oben offenlassen.

❸ Lauch, Mais und Möhren hinzugeben und den Cidre hineingießen. Den Salbei darüberstreuen und das Päckchen auch oben verschließen.

❹ Das Päckchen in einen Dämpfeinsatz legen, mit einem Deckel fest verschließen und 15 Minuten dämpfen.

❺ Die Sahne in das Päckchen gießen und die Mischung abschmecken, eventuell nachwürzen. Zugedeckt weitere 45 Minuten dämpfen, oder bis das Fleisch gar ist. Mit Reis oder Kartoffelpüree servieren.

---

*Bei diesem Gericht wird der Dampfkochtopf voll ausgenutzt, indem Fleisch und Gemüse über den Nudeln gegart werden. Ein leichtes, fettarmes Gericht.*

# SCHWEIN ASIATISCH MIT GEMÜSE

Für 4 Personen

- 450 g Schweinelende, in Scheiben geschnitten
- 1 mittelgr. Möhre, in feinen Streifen
- 50 g Zuckerschoten
- 1 mittelgr. rote Paprika, in dünnen Scheiben
- 2 Selleriestangen, in feinen Streifen
- 1 mittelgr. Lauchstange, halbiert und in dünne Streifen geschnitten
- 2 zerdrückte Knoblauchzehen
- Saft und Schale einer mittelgr. Orange
- 3 Essl. (45 ml) trockener Sherry
- 2 Essl. (25 mL) helle Sojasoße
- 2,5 cm frische Ingwerwurzel, geraspelt
- 1 l Gemüsebrühe
- 300 g Eiernudeln

❶ Fleisch und Gemüse in eine Glasschüssel geben, die restlichen Zutaten (ohne Brühe und Nudeln) vermischen und darübergießen. Zugedeckt mindestens 1 Stunde marinieren lassen und gelegentlich umrühren.

❷ Den Inhalt der Schüssel mit der Marinade in eine feuerfeste Form geben, die in den oberen Dämpfeinsatz passt.

❸ Die Brühe unten in den Dampfkochtopf gießen und mit dem Dämpfeinsatz darüber 20 Minuten dämpfen.

❹ Die Nudeln in die Brühe geben, den Dämpfeinsatz wieder aufsetzen und weitere 5 Minuten dämpfen, bis Fleisch und Nudeln gar sind.

❺ Die Nudeln abgießen, in einer vorgewärmten Schüssel anrichten. Fleisch und Gemüse darübergeben und sofort servieren.

*Dim Sum sind leicht zuzubereiten und machen auf jeder Party Eindruck, sei es als Imbiss oder als Vorspeise. Sie erzielen mit erstaunlich geringem Aufwand eine große Wirkung.*

# SCHWEINEFLEISCHTASCHEN - DIM SUM

Für 4 Personen

*Für den Teig*

250 g Mehl
1 Ei
10 ml kaltes Wasser

*Für die Füllung*

175 g Schweinemett
75 g Pilzköpfe, geputzt und gehackt
3 gehackte Frühlingszwiebeln
½ kleine Möhre, gehackt
1 Selleriestange, gehackt
2 Essl. (25 ml) helle Sojasoße
1 Teel. (5 ml) helles Sesamöl
1 Teel. (5 g) chinesische Gewürzmischung

*Für die Tunke*

2 Essl. (25 ml) dunkle Sojasoße
1 mittelgr. grüne Chilischote, gehackt
3 ml dunkles Sesamöl
10 g brauner Zucker
1 Essl. (15 ml) Sherry

1. Das Mehl in eine Rührschüssel sieben und mit dem Ei und dem Wasser zu einem festen Teig verarbeiten. Auf einer bemehlten Oberfläche aus dem Teig eine dicke Rolle formen und in 28 Scheiben schneiden.
2. Jede Scheibe zu einem Kreis von etwa 7 cm Durchmesser ausrollen.
3. Die Zutaten für die Füllung miteinander vermischen und auf die Teigscheiben verteilen. Die Ränder mit Wasser anfeuchten, hochschlagen, die Füllung einhüllen, und die Ränder zusammendrücken.
4. Die Teigtaschen in einen mit einem sauberen Geschirrtuch ausgelegten Dämpfeinsatz legen und zugedeckt 25 Minuten dämpfen, bis sie gar sind.
5. In der Zwischenzeit die Zutaten für die Tunke miteinander vermischen und in einer Schale anrichten. Die Dim Sum mit Frühlingszwiebeln und Chili garnieren und servieren.

*Wenn Sie keinen Blauschimmelkäse mögen, können Sie auch eine andere weiche, aber kräftige Käsesorte nehmen. Anstelle des Ricotta eignet sich auch abgetropfter Hüttenkäse, wenn Sie eine gesündere Variante bevorzugen.*

# ROQUEFORT-EIERTÖPFCHEN MIT KNOBLAUCHSOSSE

Für 4 Personen

- 75 g weicher Blauschimmelkäse
- 50 ml Milch
- 25 g frisch gehackte Petersilie
- Salz und frisch gemahlener schwarzer Pfeffer
- 250 g Ricotta-Käse
- 1 mittelgr. Tomate, entkernt, zerkleinert
- 100 g geschnittene Knoblauchwurst
- 4 Eier

1. Den Blauschimmelkäse in einer Rührschüssel zerkrümeln, mit Milch verrühren und mit Petersilie, Salz und Pfeffer würzen.
2. Nach und nach den Ricotta hineinrühren, dann die Tomaten und die Wurst. Diese Mischung in vier Auflaufförmchen verteilen und je ein Ei darüberschlagen.
3. Die Förmchen in den Dämpfeinsatz setzen und fest verschlossen 6 bis 8 Minuten dämpfen, bis das Ei je nach Wunsch weich oder hart gekocht ist. Sofort mit getoastetem Brot oder Salat servieren.

*Als köstlicher, sättigender Mittagsimbiss oder auch als Abendmahlzeit ist diese fettarme und darum gesündere Variation von Rösti perfekt geeignet. Sie können nach Geschmack auch andere kräftige Käsesorten nehmen.*

# KÄSE-SCHINKEN-RÖSTI

Für 4 Personen

- 700 g geschälte Kartoffeln
- 100 g Streifen von geräuchertem Schinken
- 100 g frisch geriebener Cheddar-Käse (oder Gouda)
- 50 g zerkrümelter Roquefort oder anderer Blauschimmelkäse
- 50 g gehackte Walnüsse
- 120 ml saure Sahne oder Jogurt
- 3 geschlagene Eier
- 2 Essl. (25 g) frisch gehackte Petersilie
- Salz und frisch gemahlener schwarzer Pfeffer

1. Die Kartoffeln in ein Sieb raspeln und gründlich das Wasser herausdrücken. Mit den restlichen Zutaten in eine Rührschüssel geben und gut mischen. Die Masse in eine feuerfeste Form drücken, die in den Dämpfgeinsatz passt.
2. Mit Folie bedecken, in den Dämpfeinsatz setzen, mit einem gut sitzenden Deckel verschließen und 45 Minuten, oder bis die Kartoffeln gar sind, dämpfen. Sofort mit knackigem Salat servieren.

*Dieses einfache Gericht ist ideal für Kinder, als schnelle Abendmahlzeit oder als leichter Mittagsimbiss. Sie können auch Salami statt Schinken verwenden.*

# GEDÄMPFTER SCHINKEN-EIER-AUFLAUF

Für 4 Personen

250 g frischer Spinat
Butter zum Ausfetten der Formen
100 g Würfel von gekochtem oder geräucherten Schinken
4 Eier
eine Prise Cayennepfeffer
4 Essl. (50 ml) Sahne

❶ Den Spinat in wenig Wasser blanchieren, bis er eben gar ist, abtropfen lassen und die Flüssigkeit herausdrücken.
❷ Vier Auflaufförmchen einfetten und die Böden mit dem Spinat bedecken.
❸ Darüber den Schinken verteilen und pro Förmchen ein Ei darüberschlagen. Mit Cayennepfeffer bestäuben und die Sahne darübergießen.
❹ Die Auflaufformen in den Dämpfeinsatz stellen, fest verschließen und 6 bis 8 Minuten dämpfen, oder bis die Eier je nach Wunsch weich oder hart gekocht sind. Mit heißem Toast servieren.

*Gedämpfe Rippchen sind herrlich zart und schmecken fantastisch, was hier noch von einer pikanten Soße unterstrichen wird. Wenn Sie die Rippchen vorher mit Salz einreiben, fließt überflüssiges Wasser ab, das sonst beim Dämpfen die Soße verdünnen würde. Sie müssen das Salz wieder abspülen und das Fleisch trockentupfen.*

# PIKANTE SPARERIBS

Für 4 Personen

1,5 kg Schweineschälrippchen
1 Essl. (15 g) Salz
150 ml Hühner- oder Fleischbrühe
2 Essl. (25 ml) dunkle Sojasoße
1 Teel. (5 g) gemahlener Ingwer
2 Teel. (10 ml) dunkles Sesamöl
2 Essl. (25 g) gehacker Knoblauch
2 mittlere rote Chilischoten, sehr klein gehackt
2 Teel. (10 g) dunkelbrauner Zucker
4 Essl. (50 ml) klarer Honig
1 Essl. (15 ml) Tomatenpüree
2 Essl. (25 ml) trockener Sherry
350 g weißer Langkornreis
2 Essl. (25 g) frisch gehackter Koriander

❶ Die Rippen waschen, trockentupfen, einsalzen und 30 Minuten stehenlassen. Das Salz gründlich abspülen, das Fleisch trockentupfen und im Dampfkochtopf in kochendem Wasser 10 Minuten lang kochen. Das Fleisch herausnehmen und das Wasser im Topf lassen.
❷ Die Rippen in ein feuerfestes Gefäß geben, das in den Dämpfeinsatz passt. Brühe, Sojasoße, Ingwer, Sesamöl, Knoblauch, Chili, Zucker, Honig, Tomatenpüree und Sherry zusammenrühren und darübergießen.
❸ Die Rippen über das Wasser setzen und eine Stunde lang dämpfen, oder bis das Fleisch gar ist
❹ Nach der Hälfte der Garzeit den Reis in den Topf ins Wasser geben und 15 Minuten garen. Die Hitze reduzieren und weitere 15 Minuten köcheln lassen, bis der Reis zart und locker ist. Wenn er mehr Biss haben soll, nehmen Sie ihn vorher heraus. Den Koriander untermischen und mit den Rippchen auf einem warmen Teller anrichten und warm stellen. Fleischsaft und Marinade aufkochen, auf die Hälfte reduzieren und über die Rippchen gießen. Sofort servieren.

*Dieses kreolische Gericht entstand im 18. Jahrhundert. Der Name Jambalaya soll vom spanischen Wort für Schinken „Jamon" herrühren, einem wesentlichen Bestandteil des Originalrezepts. Heute sorgt geräucherte Wurst für den Geschmack und Chili für die Würze. Ein kostengünstiges, fettarmes Gericht, das durch das Dämpfen zudem noch schnell zubereitet ist und durch den verschlossenen Topf das hervorragende Aroma aller Zutaten behält.*

# JAMBALAYA

Für 4 Personen

50 g Butter
1 gr. gelbe Paprikaschote in groben Stücken
1 große rote Paprikaschote in groben Stücken
1 gr. rote Zwiebel, geviertelt und in dünne Scheiben geschnitten
2 Selleriestangen in dünnen Scheiben
3 zerdrückte Knoblauchzehen
1 große rote Chilischote, gehackt
3 gr. Tomaten ohne Gehäuse, geschnitten
1 Essl. (15 ml) Tomatenpüree
einige Tropfen Tabasco
100 g weißer Langkornreis und wilder Reis gemischt
Salz und frisch gemahlener schwarzer Pfeffer
1 l Gemüsebrühe
500 g Fleisch von gr. gekochten Garnelen
350 g gewürfelte Räucherwurst
75 g Erbsen

1 In der Butter im Dampftopf Paprika, Zwiebel, Sellerie, Knoblauch und Chilistückchen unter Rühren 3 Minuten lang andünsten.

2 Tomaten, Tomatenpüree, Tabasco und Reis hinzugeben und abschmecken. Die Brühe hineinrühren und den Topf dicht verschließen.

3 15 bis 20 Minuten bei kleiner Hitze garen, Garnelen, Wurst und Erbsen hinzugeben und zugedeckt weitere 5 bis 7 Minuten dämpfen, bis der Reis gar ist. Servieren.

*Durch das Dämpfen wird dieses klassische griechische Rezept sehr saftig und aromatisch. Das traditionelle Lammfleisch können Sie durch Rindergehacktes ersetzen. Servieren Sie es mit Salat und knusprigem Brot.*

# MOUSSAKA

Für 4 Personen

1 große Aubergine
Salz
3 Essl. (45 ml) Olivenöl
1 mittelgr. Zwiebel, halbiert, in dünnen Scheiben
2 zerdrückte Knoblauchzehen
500 g geschnittenes, gekochtes Lammfleisch
1 große Dose Tomatenstücke
2 Teel. (10 g) gemischte, getr. Kräuter
1 Essl. (15 ml) Worcestershire-Soße
25 g Butter
25 g Mehl
300 ml Milch
1 Ei, Eigelb vom Eiweiß getrennt
50 g frisch geriebener Cheddar-Käse (oder Gouda)
2 Essl. (25 g) frisch geriebener Parmesan-Käse

❶ Aubergine in dünne Scheiben schneiden, salzen und 30 Minuten in einem Sieb Wasser ziehen lassen. Abspülen und trockentupfen.
❷ In einer Pfanne die Aubergine 2 bis 3 Minuten in Öl andünsten, herausnehmen und zur Seite stellen. Dann die Zwiebel mit dem Knoblauch 2 bis 3 Minuten bei mittlerer Hitze andünsten, bis sie weich sind.
❸ Vom Herd nehmen und das Lammfleisch mit den Tomaten, den Kräutern und der Worcestershire-Soße hineinrühren und gut mischen.
❹ In einer Auflaufform den Boden mit Auberginenscheiben belegen, darauf die Fleischmischung und darauf die restliche Aubergine geben.
❺ In einem Topf das Mehl in die geschmolzene Butter rühren, 1 Minute rühren und nach und nach die Milch einrühren. Kurz aufkochen lassen.
❻ Den Topf vom Herd nehmen und das Eigelb und den Käse hineinrühren. In einer sauberen Schüssel das Eiweiß schlagen und vorsichtig unter die Soße heben. Diese dann über die Fleischmischung geben, mit einer gefaltenen Folie bedecken und mit einem Faden fest verschließen, damit kein Dampf entweichen kann.
❼ Die Form in den oberen Dämpfeinsatz setzen und dicht verschlossen 20 Minuten dämpfen. Mit Käse bestreuen und mit Salat servieren.

*Die Soße aus Gurke und Jogurt gibt diesem zarten Lamm eine griechische Note – eine sehr erfrischende Geschmackskombination. Das Gemüse sorgt für Farbenfreude.*

# LAMMFLEISCH MIT KALTER JOGURTSOSSE

## Für 4 Personen

900 g magere Lammfleischwürfel
3 zerdrückte Knoblauchzehen
3 Essl. (45 ml) Olivenöl
Saft und Schale einer mittelgroßen Zitrone
1 Essl. (15 g) frisch gehackter Oregano
90 ml Rotwein
Salz und frisch gemahlener schwarzer Pfeffer
1 mittelgr. gelbe Paprikaschote, gewürfelt
2 Essl. (25 g) geviertelte, schwarze Oliven
1 mittelgr. Zucchini, in feinen Streifen
1 mittelgr. geachtelte rote Zwiebel
2 große Tomaten, ohne Gehäuse und zerkleinert
90 ml Lammbrühe

*Für die Soße*

75 g gewürfelte Salatgurke
2 zerdrückte Knoblauchzehen
1 Essl. (15 g) frisch gehackter Schnittlauch
300 ml cremiger Naturjogurt

1. Das Lammfleisch in eine Schüssel geben. Knoblauch, 20 ml Öl, Saft und Schale der Zitrone, Wein, Oregano, Salz und Pfeffer mischen und über das Lamm gießen. Zugedeckt 2 Stunden marinieren lassen und gelegentlich umrühren.
2. Das Lammfleisch mit einem Schöpflöffel aus der Marinade nehmen und die Marinade zur Seite stellen. Das restliche Öl in einer Pfanne erhitzen und 2 bis 3 Minuten lang das Fleisch von allen Seiten anbraten. Paprika, Oliven, Zucchini, Zwiebel und Tomaten hinzugeben und 2 bis 3 Minuten andüsten. Alles in eine feuerfeste Form geben.
3. Die Brühe in einem Topf zusammen mit der Marinade aufkochen und zu einer sämigen Soße reduzieren (ca. 4 bis 5 Minuten). Diese über das Lamm geben, die Form mit einer gefalteten Folie zudecken, mit einem Faden fest verschlossen in den Dämpfeinsatz setzen. Mit einem Deckel fest verschließen und 30 bis 35 Minuten lang dämpfen, bis das Fleisch gar ist.
4. In der Zwischenzeit die Zutaten für die Soße zusammenrühren und kühlen. Mit dem Lammfleisch und frisch gedämpftem Reis servieren.

*Wenn Sie keinen Madeira haben, können Sie auch trockenen Sherry verwenden, das Gericht schmeckt aber mit den Originalzutaten am besten.*

# LAMM IN MADEIRA

## Für 4 Personen

- 4 Lammfilets, je 100 g
- 4 Essl. (50 ml) Madeira
- 2 Essl. (25 ml) Lammbrühe
- 1 Teel. (5 ml) Worcestershire-Soße
- 1 Essl. (15 g) frisch gehackter Thymian
- 1 Essl. (15 g) Tomatenpüree
- 75 g Pilze in Scheiben
- 1 mittelgr. orangefarbene Paprikaschote, in Scheiben geschnitten
- 8 Perlzwiebeln
- 50 g halbierte grüne Bohnen
- 25 g Butter

❶ Geben Sie das Lammfleisch mit dem Madeira, der Brühe, der Worcestershire-Soße, dem Thymian und dem Tomatenpüree in eine Schüssel und lassen es zugedeckt mindestens 1 Stunde marinieren.
❷ Das Fleisch herausnehmen und die Marinade zur Seite stellen. Die Filets mit dem Gemüse in einen mit Wachspapier ausgelegten Dämpfeinsatz legen, mit einem fest sitzenden Deckel verschließen und 20 Minuten dämpfen, bis das Fleisch gar ist.
❸ In einem kleinen Topf die Marinade erhitzen und die Butter hineinrühren, um eine glänzende Soße zu bekommen. Diese mit dem Lamm, dem Gemüse und mit frisch gedämpftem Reis servieren.

---

*Dieses würzige Lammfleisch im Pfeffermantel passt am besten zu Gemüse und Kartoffelpüree. Für eine mildere Version nehmen Sie die halbe Menge Pfeffer.*

# LAMM IN SPECK-PFEFFER-SOSSE AUF KOHLBETT

## Für 4 Personen

- 50 g bunte Pfefferkörner
- 3 Teel. (15 g) Dijon-Senf
- 700 g gewürfelte Lammschulter ohne Knochen
- 100 g Wirsing
- 150 ml Lamm- oder Hühnerbrühe
- 150 ml Rotwein
- 4 Scheiben geräucherter Speck, gewürfelt (ca.100 g)
- 1 Teel. (5 g) heller brauner Zucker
- 2 Essl. (25 g) Butter
- Salz und frisch gemahlener schwarzer Pfeffer

❶ Die Pfefferkörner in einem Mörser zerstoßen oder in einer Plastiktüte mit einer Teigrolle zerkleinern. Das Lamm mit 2 Teelöffeln Senf (10 g) bestreichen und mit 1 Esslöffel (15 g) Pfeffer bedecken.
❷ Den Kohl in die Mitte einer großen quadratischen Folie geben, das Lamm darauflegen und die Folie zu einem Paket verschließen.
❸ Das Paket in den Dämpfeinsatz legen, mit einem Deckel verschließen und 20 Minuten dämpfen. Das Paket geschlossen lassen.
❹ Die Brühe mit dem restlichen Senf und Pfeffer, Wein, Speck und Zucker in einem Topf verrühren und 5 bis 7 Minuten köcheln.
❺ Nach und nach die Butter zu einer glänzenden Soße unterrühren. Das Lamm auf dem Kohlbett servieren und die Soße darübergießen.

*Lammkoteletts eignen sich gut zum Dämpfen, da sie klein und schnell gar sind. Verringern Sie die Garzeit, wenn Sie das Lammfleisch rosig mögen. Für einen kräftigeren Geschmack sollten Sie es bis zu 4 Stunden marinieren.*

# LAMMKOTELETTS MIT WÜRZIGEM PFIRSICH-RELISH

Für 4 Personen

8 Lammkoteletts (je ca. 75 g)
2 Essl. (25 ml) Olivenöl
2 zerdrückte Knoblauchzehen
1 Essl. (15 ml) Zitronensaft
1 Essl. (15 ml) Balsamico-Essig
2 Essl. (25 ml) klarer Honig
2 Zweige frischer Rosmarin

*Für die Soße*

25 g Butter
3 Pfirsiche ohne Kern, zerkleinert
4 Frühlingszwiebeln, gehackt
150 ml Lamm- oder Gemüsebrühe
150 ml Pfirsichsaft
1 Essl. (15 g) Sultaninen
3 g gemahlener Zimt
1 Teel. (5 g) gemahlener Ingwer
1 Essl. (15 g) Maisstärke

❶ Die Lammkoteletts in eine Schüssel geben. Öl, Knoblauch, Zitrone, Essig, Honig und Rosmarin miteinander vermischen und über das Lamm gießen. Zugedeckt mindestens 1 Stunde marinieren lassen.

❷ In der Zwischenzeit für die Soße die Butter in einem Topf schmelzen und die restlichen Zutaten außer der Stärke hinzugeben. In ein feuerfestes Gefäß geben, das in den Dämpfeinsatz passt.

❸ Das Lamm aus der Marinade nehmen und zur Soße geben. Mit Plastikfolie bedecken und 20 Minuten dämpfen, oder bis das Fleisch gar ist. Die Koteletts aus dem Topf nehmen und warm stellen. Die Soße in einen kleinen Topf geben, die Stärke mit 2 Essl. kaltem Wasser zu einer Paste verreiben und in die Soße rühren. Aufkochen lassen und rühren, bis sie gebunden und sämig ist. Die Soße über das Lamm gießen und mit jungen Kartoffeln und grünem Gemüse servieren.

*In diesem aromatischen Gericht nimmt das Lammfleisch den Geschmack von Portwein und Rosmarin an. Sie können stattdessen auch Madeira oder Sherry verwenden und das Rezept mit eingemachten Obst ergänzen.*

# LAMMFILET IN PORTWEIN-KNOBLAUCH-SOSSE

## Für 4 Personen

500 g gewürfelte Lammschulter ohne Knochen
2 Zweige frischer Rosmarin
1 zerdrückte Knoblauchzehe
2 Essl. (25 ml) Olivenöl

*Für die Soße*
150 ml Portwein
50 ml Lammbrühe
2 zerdrückte Knoblauchzehen
1 Teel. (5 g) Zucker
2 Essl. (25 g) rotes Johannisbeergelee
2 Teel. (10 g) Maisstärke
Rosmarinzweige zum Garnieren

1. Das Fleisch in eine Schüssel geben. Rosmarin, Knoblauch und Öl vermischen, über das Lamm gießen und umrühren. Zugedeckt 1 Stunde marinieren lassen und gelegentlich umrühren.
2. In der Zwischenzeit den Portwein mit der Brühe in einen kleinen Topf geben, Knoblauch, Zucker und Gelee hinzufügen und alles langsam erhitzen, bis sich das Gelee aufgelöst hat.
3. Die Stärke mit 4 Teelöffeln kaltem Wasser verrühren und in die Soße einrühren. Aufkochen, bis sie angedickt und klar ist.
4. Lammfleisch und Rosmarin aus der Marinade nehmen und in ein feuerfestes Gefäß geben, das in die Dämpfstufe passt. Die Soße über das Lamm gießen und mit einem fest sitzenden Deckel verschließen.
5. Das Lamm 15 bis 20 Minuten dämpfen, bis es gar ist. Mit frisch gedämpftem Gemüse servieren und mit Rosmarinzweigen garnieren.

*Rindfleisch und Meerrettich sind eine klassische Geschmackskombination. Die Soße kann aus 4 Esslöffeln fertiger Meerrettichsoße und 1 Esslöffel saurer Sahne im voraus zubereitet werden, oder Sie kaufen Sahnemeerrettich bereits fertig im Glas.*

# FLEISCHBÄLLCHEN IN MEERRETTICHSOSSE

Für 4 Personen

500 g Rindergehacktes
1 Ei
1 Selleriestange, klein gehackt
1 Essl. (15 g) Tomatenpüree
1 Essl. (15 g) frisch gehacktes Basilikum
1 Essl. (15 g) gehackte grüne Oliven
1 gehackte Schalotte
1 Teel. (5 ml) Worcestershire-Soße
Salz und frisch gemahlener schwarzer Pfeffer
4 Essl. (50 ml) Paniermehl

*Für die Soße*
2 Essl. (25 g) Butter
2 Essl. (25 g) Mehl
300 ml Milch
150 ml trockener Weißwein
Blätter eines große Bundes Basilikum, gewaschen und gehackt
2 Essl. (25 ml) Sahnemerrettichsoße

*Zum Servieren*
100 g brauner Reis
600 ml Gemüsebrühe

❶ Die Zutaten für die Fleischbällchen in einer Küchenmaschine ca. 30 Sekunden lang mixen oder mit der Hand gut zusammenkneten. Walnussgroße Bällchen formen.

❷ Den Reis mit der Brühe in den Dampftopf geben und aufkochen lassen. Die Fleischbällchen auf feuchtem Wachspapier in den oberen Dämpfeinsatz legen, über den Reis setzen, fest verschließen und 20 Minuten dämpfen, bis Reis und Fleisch gar sind. Nach 15 Minuten überprüfen, damit der Reis nicht zu weich wird.

❸ In einer Pfanne die Butter schmelzen, das Mehl einrühren, nach einer Minute nach und nach Milch und Wein zugeben, aufkochen lassen und weiterrühren.

❹ Mit den restlichen Zutaten die Soße 5 Minuten köcheln lassen und dann in einer Küchenmaschine mixen, bis sie sämig ist.

❺ Den Reis abgießen, auf einer warmen Platte anrichten, die Bällchen darübergeben, mit der Soße übergießen und sofort servieren.

---

*Wenn Sie kein wirklich gutes Rindfleisch bekommen können, klopfen Sie es vor der Zubereitung weich. Basilikum gibt dem Gericht ein schönes Aroma, Sie können aber auch Oregano verwenden.*

# GEPFEFFERTES RINDERSTEAK IN BASILIKUM-TOMATEN-SOSSE

## Für 4 Personen

500 g Filetsteak
2 Essl. (25 g) Pfefferkörner

*Für die Soße*
4 Essl. (50 ml) trockener Sherry
200 ml Tomatenpüree
2 Frühlingszwiebeln in Scheiben
2 Essl. (25 g) frisch gehacktes Basilikum
1 Teel. (5 g) brauner Zucker

❶ Das Fleisch bei Bedarf weichklopfen und in vier gleichgroße Portionen schneiden.

❷ Die Pfefferkörner in einem Mörser zerstoßen oder in eine Plastiktüte geben und mit einer Teigrolle zermahlen und beidseitig an die Fleischscheiben drücken.

❸ Das Fleisch in einen Dämpfeinsatz legen, mit einem Deckel fest verschließen und 15 Minuten lang dämpfen, bis das Fleisch gar ist.

❹ In der Zwischenzeit die Zutaten für die Soße in einem kleinen Topf aufkochen und bei kleiner Hitze 10 Minuten köcheln lassen.

❺ Das Fleisch aus dem Dämpfer nehmen und mit der Soße, frisch gedämpftem Gemüse und Salzkartoffeln servieren.

*Dieses Rezept braucht zwar etwas Zeit, aber der Aufwand lohnt sich. Wenn Sie wollen, können sie zur Abwechslung für die Füllung auch andere Fleisch- und Gemüsesorten verwenden. Es ist wichtig, dass Sie den Nudelteig mit einem feuchten Tuch bedecken, damit er nicht austrocknet.*

# PIKANTE RINDFLEISCHRAVIOLI

## Für 4 Personen

*Für den Ravioliteig*

200 g Mehl
50 g Hartweizengrieß
eine Prise Salz
4 Teel. (20 ml) Olivenöl
2 verchlagene Eier
3–4 Essl. (45–50 ml) Milch

*Für die Füllung*

100 g Rindergehacktes
1 kleine, fein gehackte Zwiebel
1 kleine, fein gewürfelte Möhre
3 g gemahlener Kümmel
3 g gemahlener Koriander
eine Prise Paprikapulver
2 Teel. (10 g) frisch gehackter Thymian
1 Essl. (15 ml) Tomatenpüree
Salz und frisch gemahlener schwarzer Pfeffer

*Für die Soße*

75 g Butter
15 ml Zitronensaft
45 ml Gemüsebrühe
25 ml Rotwein
eine Prise Senfpulver
1 zerdrückte Knoblauchzehe
3 Essl. (45 g) frische, gemischte Kräuter, gehackt
Parmesanhobel zum Garnieren

1. Für den Nudelteig das Mehl in eine Rührschüssel sieben, Grieß und Salz untermischen und in der Mitte eine Vertiefung machen.
2. In die Vertiefung Öl, Eier und 1 Esslöffel Milch geben und nach und nach mit der Mehl-Grieß-Mischung zu einem festen Teig verarbeiten. Wenn er nicht weich genug ist, etwas mehr Milch hinzugeben. Auf einer bemehlten Fläche durchkneten und unter einem feuchten Tuch 30 Minuten ruhen lassen.
3. Die Zutaten für die Füllung mischen und in eine feuerfeste Form geben, diese oben in den bereits warmen Dampftopf setzen, fest verschließen und 20 Min. dämpfen, bis das Fleisch gar ist. Abkühlen lassen.

4. Den Teig in 8 gleichgroße Teile schneiden und auf einer bemehlten Fläche zu Rechtecken (ca. 20 x 10 cm) ausrollen. Diese sollten dünn, aber fest sein. Vier Teigblätter mit Wasser bepinseln und die Füllung in Häufchen in gleichmäßigen Abständen darauf verteilen.
5. Die anderen vier Teigblätter darüberlegen und zwischen den Häufchen fest auf die untere Schicht drücken, damit fest verschlossene, quadratische Teigtaschen entstehen. Jedes Quadrat mit einem Messer oder einem Teigrädchen ausschneiden. Auf einem sauberen Geschirrtuch 2 Stunden trocknen lassen.
6. Im Dampfkochtopf Wasser aufkochen und die Ravioli 5 Minuten kochen. Mit einem Schöpflöffel herausnehmen und in eine feuerfeste Schüssel geben, die in den Dämpfeinsatz passt.
7. Die Soßenzutaten mischen und über die Ravioli gießen. Die Ravioli in den Dämpfeinsatz geben und fest verschlossen 5 bis 7 Minuten dämpfen lassen, bis sie gar sind. Sofort servieren.

---

*Frische Kalbsleber lässt sich hervorragend dämpfen. Sie bleibt saftig und zart, und mit einer Senf-Wein-Soße schmeckt sie köstlich. Versuchen Sie dieses Rezept auch einmal, wenn Sie eigentlich keine Leber mögen.*

# LEBER IN KRÄUTER-SENF-SOSSE

## Für 4 Personen

500 g Kalbsleber
150 ml Rotwein
1 zerdrückte Knoblauchzehe
2 Teel. (10 g) frisch gehackter Salbei
1 mittelgr. Lauchstange, fein gehackt
1 große Möhre, in feine Streifen geschnitten

*Für die Soße*
1 Essl. (15 g) Butter
1 Essl. (15 g) Mehl
65 ml Naturjogurt oder Schmand
2 Essl. (25 g) frisch gehackter Salbei
Salz und frisch gemahlener schwarzer Pfeffer

1. Die Leber in dünne Streifen schneiden und in eine Schüssel geben. Wein, Knoblauch und Salbei mischen und darübergießen. Zugedeckt eine Stunde marinieren lassen und gelegentlich umrühren.
2. Die Leber herausnehmen, mit dem Gemüse in einen mit Wachspapier ausgelegten Dämpfeinsatz legen, fest verschließen und 10 Minuten dämpfen, bis das Fleisch gar ist. Die Marinade zur Seite stellen.
3. In der Zwischenzeit in einem kleinen Topf die Butter schmelzen und das Mehl einrühren. Vom Herd nehmen und Marinade, Jogurt oder Schmand und Salbei hineinrühren. Die Mischung wieder langsam erhitzen, ohne sie kochen zu lassen. Rühren, bis die Soße angedickt ist, und abschmecken.
4. Leber und Gemüse auf einer Servierplatte anrichten, die Soße darübergeben, mit Salbei garnieren und mit Salzkartoffeln servieren.

*Die Dessertrezepte in diesem Kapitel haben nicht mehr viel mit den herkömmlichen gedämpften Nachspeisen, wie unsere Großmütter sie noch machten, gemeinsam.*

*Es gibt eine Vielfalt köstlicher Obstsorten, die sich hervorragend dämpfen lassen, sei es am Spieß, karamellisiert, mariniert oder mit einer extravaganten Soße. Diese Nachspeisen sind leicht und erfrischend, farbenfroh, voller Aroma und gesunder Nährstoffe. Einige Rezepte sind durchaus kalorienreich, aber hin und wieder kann man sich auch ein etwas reichhaltigeres Dessert ruhig gönnen.*

# DESSERTS

*Süßkartoffeln verleihen diesem warmen Bananendessert zusätzliche Farbe und Konsistenz sowie herrlichen Geschmack. Das perfekte Dessert für kalte Winterabende.*

# GEDÄMPFTE BANANEN IN ORANGENSOSSE

## Für 4 Personen

175 g Süßkartoffeln, geschält und gewürfelt
4 große reife Bananen
2 Essl. (25 g) brauner Zucker
8 Essl. (100 ml) Orangensaft
Schale einer mittelgroßen Orange
2 Essl. (25 ml) Orangenlikör
frische Minzeblätter oder Zitronenmelisse
Schlagsahne oder Vanillejogurt zum Anrichten

1. Die Süßkartoffeln 10 Minuten im Dampfkochtopf in Wasser kochen und mit einem Schöpflöffel herausfischen.
2. Die Kartoffelstücke in vier Portionen teilen und in die Mitte von vier großen Folienstücken legen.
3. Die Bananen der Länge nach halbieren und je zwei Hälften auf die Kartoffeln legen. Mit Zucker bestreuen, die Seiten der Folie hochschlagen aber nicht verschließen.
4. Orangensaft und -schale sowie den Likör darüber geben und die Päckchen oben verschließen.
5. Päckchen in den Dämpfeinsatz legen und zugedeckt 5 Min. dämpfen, bis alles heiß und der Zucker geschmolzen ist. Mit frischen Minzeblättern dekorieren, mit Schlagsahne oder Vanillejogurt servieren.

*Ein Dessert, das die herrlichen, warmen Düfte des Winters einfängt. Sie können auch möglichst süße Orangen anstelle der Klementinen verwenden.*

# FRISCHE FEIGEN MIT KLEMENTINEN

Für 4 Personen

- 8 kleine Klementinen, ohne Schale und ohne die weiße Haut
- 6 Essl. (75 ml) Orangensaft
- 2 Essl. (25 ml) Weinbrand
- 1 Essl. (15 ml) Grenadinesirup (oder anderer Sirup)
- 1 Essl. (15 g) brauner Zucker
- 16 mittelgroße frische Feigen
- Naturjogurt zum Servieren
- frische Minzeblätter und Orangen- oder Zitronenschalenstreifen zum Dekorieren

1. Die Klementinen in einer feuerfesten Form in den Dämpfeinsatz setzen.
2. Orangensaft, Weinbrand und Sirup in einen kleinen Topf gießen, darin den Zucker bei kleiner Hitze auflösen und aufkochen lassen.
3. Die Feigen zu den Klementinen geben, den Sirup darübergießen und mit einem fest sitzenden Deckel verschließen. 15 Minuten dämpfen.
4. Das Obst auf vier Tellern anrichten und etwas Sirup darum herumgießen. Dekorieren und servieren.

*Diese Früchtekombination bringt Farbe und Geschmack auf den Tisch. Sie können die Waffeln auch durch Crêpes ersetzen.*

# FRUCHTPÜREE MIT WAFFELN UND SAHNE

Für 4 Personen

2 Kiwis
1 Papaya
1 kleine Ananas

*Zum Anrichten*
150 ml Naturjogurt
1 mittelgroße Passionsfrucht
4 fertige Waffeln
frische Minzezweige zum Dekorieren

❶ Die Kiwis halbieren, das Fruchtfleisch herauslöffeln und mitten auf ein Folienquadrat legen. Die Seiten hochklappen und verschließen.
❷ Die Papaya halbieren, entkernen, in Stücke schneiden und in eine andere Folie legen. Zu einem Päckchen falten und gut verschließen.
❸ Die Ananas schälen, den Strunk herauslösen, in Stücke schneiden und ein weiteres Folienpäckchen machen. Alle drei Pakete in den Dämpfeinsatz legen, verschließen und 10 Minuten dämpfen, bis sie heiß sind.
❹ Jede Frucht getrennt entweder durch ein Sieb pressen oder im Mixer pürieren. Die Passionsfrucht halbieren, entkernen, das Fleisch herauslöffeln und mit dem Jogurt mischen. Die drei Fruchtpürees über die Waffeln löffeln, mit Minze dekorieren und mit dem Joghurt servieren.

---

*Karamellisierte Nachspeisen sind sehr beliebt und im Dampfkochtopf besonders einfach zuzubereiten. Sie können Pflaumen aus der Dose oder frische verwenden. Auch anderes eingelegtes Obst, wie Kirschen, Pfirsiche oder Nektarinen, lässt sich für dieses Rezept einsetzen.*

# KARAMELLISIERTE PFLAUMENCREME

Für 4 Personen

4 mittelgr. reife Pflaumen, ohne Kern und zerkleinert
2 Essl. (25 ml) Kirschwasser
2 Tassen (500 ml) Sahne
1 Teel. (5 ml) Vanilleextrakt
4 Eigelb
2 Essl. (25 g) gehackte Mandeln
3 Essl. (45 g) Rohzucker oder brauner Zucker

❶ Die Pflaumen auf den Boden von vier leicht gefetteten Auflaufförmchen geben und je ein Viertel des Kirschwassers darübergießen.
❷ Die Sahne in einem Topf erhitzen, aber nicht kochen lassen. Vom Herd nehmen und Vanilleextrakt, Eigelbe und Mandeln einrühren.
❸ Die Creme über die Pflaumen gießen und die Förmchen in den Dämpfeinsatz setzen. Zugedeckt 10 Min. dämpfen, 4 Stunden kühlen.
❹ Die Creme mit Zucker bestreuen und 3 bis 4 Minuten im Backofen grillen, bis der Zucker karamellisiert. Nicht schwarz werden lassen! Die Förmchen erneut kühlen, bis die Creme wieder fest ist. Mit frischen Pflaumen dekorieren und servieren.

*Dieses Dessert ist schon fast ein Beerenkuchen. Verwenden Sie viele verschiedene Beeren der Saison. Ein Schuss Vanille verleiht der Sahne oder dem Jogurt ein herrliches Aroma.*

# BEEREN-CLAFOUTI

Für 4 Personen

650 g gemischte Beeren, wie Blau-, Him- und Erdbeeren, gesäubert
2 Essl. brauner Zucker
4 Essl. (50 g) geröstete Mandelscheiben

*Für den Teig*
175 g Mehl
2 Essl. (25 g) gemahlene Mandeln
1 Teel. (5 g) Backpulver
2 Essl. (25 g) brauner Zucker
150 ml Milch
1 Ei, getrennt
Jogurt oder Sahne zum Servieren

1 Das Obst auf den Boden einer feuerfesten Schüssel geben, die in den obere Dämpfeinsatz passt, und mit Zucker bestreuen.
2 Die Zutaten für den Teig außer dem Eiweiß mischen. Das Eiweiß schlagen und vorsichtig unter den Teig heben. Den Teig über das Obst geben und mit Mandeln bestreuen.
3 Den Einsatz mit Folie und einem Faden fest verschließen. Im geschlossenen Gefäß 60 bis 75 Minuten dämpfen, bis der Teig durchgebacken ist.
4 Die Folie entfernen und sofort mit Jogurt oder geschlagener Sahne servieren.

*Diesen Kuchen können Sie bis zu 24 Stunden im Kühlschrank aufheben, dann sollte er aber verzehrt werden. Sollten Sie mit frischen Bananenstücken dekorieren, tauchen Sie diese erst in Zitronensaft, damit sie nicht braun werden.*

# PECANNUSS-BANANEN-KUCHEN

Für 4 Personen

100 g Butter
100 g brauner Zucker
2 geschlagene Eier
3 mittelgr. Bananen, zerdrückt
4 Essl. (50 g) Vollwertmehl, selbsttreibend oder mit Backpulver vermischt
4 Essl. (50 g) Mehl
100g gehackte Pecanüsse
50 g Sultaninen
1 Essl. (15 ml) Zitronensaft
4 Essl. (50 ml) Naturjogurt

*Für die Füllung*

1 große reife Banane, zerdrückt
2 Essl. (25 g) Puderzucker, gesiebt
Saft einer halben mittelgr. Zitrone
150 g Frischkäse (Sahnestufe)
2 Essl. (25 ml) Naturjogurt
gehackte Pecannüsse sowie getrocknete oder frische Bananenscheiben zum Dekorieren

1. Die Böden von zwei Biskuitbackformen (je ca. 18 cm Durchmesser) leicht fetten und mit Wachspapier auslegen.
2. Butter mit dem braunem Zucker verrühren, bis er aufgelöst ist, und langsam die Eier unterschlagen. Mit den zerdrückten Bananen verrühren und Mehl, Nüsse, Sultaninen, Zitronensaft und Jogurt unterheben. Die Formen damit füllen und mit gefaltetem Wachspapier und Faden fest verschließen.
3. Die Kuchenformen in zwei Dämpfeinsätze stellen und verschlossen 75 Minuten, oder bis die Kuchen gar sind, dämpfen. Die Dämpfstufen nach halber Backzeit umsetzen.
4. Die Kuchen erst in der Form und dann auf einem Gitterrost abkühlen lassen.
5. Für die Füllung Banane, Puderzucker, Jogurt, Zitronensaft und Frischkäse zusammenrühren, auf beiden Kuchen gleichmäßig verteilen und die Kuchen aufeinandersetzen. Den oberen mit gehackten Pecannüssen und getrockneten oder frischen Bananenscheiben dekorieren und servieren.

*Ein Auflauf aus Schokoladenbiskuit ist sehr beliebt, besonders wenn er warm serviert und die Schlagsahne mit einem Schuss Rum verfeinert wird.*

# WARMER SCHOKOLADENAUFLAUF

Für 4 Personen

100 g dunkle geriebene Schokolade
2 Essl. (25 ml) Milch
2 Essl. (25 ml) Weinbrand
250 g Mehl
100 g weiche Butter oder Margarine
4 Essl. (50 g) brauner Zucker
2 Essl. (25 g) geriebene Mandeln
2 geschlagene Eier
1 Essl. Instantkaffepulver oder kalter, sehr starker Kaffee
Puderzucker und geraspelte, halbsüße Schokolade zum Dekorieren

❶ Eine runde Auflaufform, die etwa einen Liter fasst, leicht einfetten. In einem Wasserbad die Schokolade in der Milch und dem Weinbrand schmelzen.

❷ Das Mehl in eine Rührschüssel sieben und die Butter hineinkneten, bis die Mischung wie Brotkrumen aussieht. Zucker, Mandeln, Eier, Kaffee und die geschmolzene Schokoladenmischung hineinrühren.

❸ Den Teig in die Auflaufschüssel geben, mit gefaltetem Wachspapier und einem Faden fest verschließen. Zugedeckt 90 bis 120 Minuten dämpfen, oder bis ein in die Mitte des Auflaufs gestochenes Messer sauber wieder herauskommt.

❹ Den Auflauf auf eine vorgwärmte Platte stürzen, mit Puderzucker bestäuben, mit geraspelter Schokolade bestreuen und warm servieren. Vanillesoße oder Schlagsahne dazu reichen.

*Trockenfrüchte schmecken intensiv und nehmen auch das Aroma der anderen Zutaten an, z. B. von Orangen und Likör. Als Spießchen sind sie noch verführerischer.*

# PIKANTE OBSTSPIESSE

Für 4 Personen

12 Pflaumen ohne Stein
12 getrocknete Aprikosen
8 Stücke getrocknete Mango
8 getrocknete Apfelringe
Saft einer mittelgroßen. Orange
2 Essl. (25 ml) Orangenlikör oder gesüßter Orangensaft
1 Teel. (5 g) gemahlener Zimt
eine Prise Muskatnuss
4 Gewürznelken

*Für die Soße*

75 g Frischkäse
100 ml Naturjogurt
1 Essl. (15 ml) klarer Honig

❶ Alle Früchte in eine Schüssel geben. Den Orangensaft und den Likör oder den gesüßten Orangensaft mit den Gewürzen darübergießen und zugedeckt 1 Stunde marinieren lassen. Gelegentlich umrühren.

❷ Die Früchte aus der Marinade nehmen und die Flüssigkeit zur Seite stellen. Die Früchte auf vier Holzspieße stecken und in den Dämpfeinsatz über kochendes Wasser setzen. Mit einem fest sitzenden Deckel verschließen und 10 Minuten dämpfen.

❸ In der Zwischenzeit Frischkäse, Jogurt und Honig in die Marinade rühren.

❹ Die Spieße mit der Soße servieren.

---

*Dieser Nachtisch schmeckt warm oder kalt, mit Waffeln oder Mandelplätzchen. Sie können statt des Portweins auch Rotwein verwenden. Pfeilwurzmehl ist zudem ein hevorragendes Bindemittel, Maisstärke geht aber auch.*

# BIRNEN IN PORTWEIN

Für 4 Personen

4 große, reife Birnen
150 ml Portwein
6 Essl. (75 g) brauner Zucker
2 Essl. (25 g) Kirschmarmelade
3 g gemahlener Zimt
geriebene Schale einer mittelgroßen Orange
2 Teel. (10 g) Pfeilwurzmehl oder Maisstärke
Orangenstücke zum Dekorieren

❶ Die Birnen schälen, das Gehäuse entfernen und die Früchte in eine Schüssel stellen, die in den Dämpfeinsatz passt.

❷ In einem Topf Portwein, Zucker, Marmelade, Zimt und Orangenschale erhitzen, bis sich alles aufgelöst hat, und über die Birnen gießen.

❸ Mit Wachspapier und Faden verschließen, in den Einsatz setzen und verschlossen 15 bis 18 Minuten dämpfen, bis die Birnen gar sind, aber nicht auseinanderfallen. Die Birnen herausnehmen und anrichten.

❹ Die Portmischung in einem Topf mit dem Pfeilwurzmehl verrühren, aufkochen und rühren, bis die Soße angedickt und klar ist. Diese über die Birnen gießen, mit Orangenstücken dekorieren, warm servieren.

*Milchreis, auf eine attraktive Art serviert. Die Minze gibt dem Reis ein zartes Aroma, das besonders gut zu der frischen Himbeersoße passt.*

# MILCHREISSCHLÖSSCHEN MIT HIMBEERSOSSE

Für 4 Personen

150 g Milchreis
250 ml Milch
50 ml Sahne, vollfett
4 Essl. (50 g) Roh- oder brauner Zucker
eine Prise gemahlene Muskatnuss
2 Essl. (25 gl) frisch gehackte Minze
1 Teel. (5 ml) Vanilleextrakt
2 Essl. (25 g) gehackte, geröstete Haselnüsse

*Für die Soße*

250 g Himbeeren, frisch oder aufgetaut
2 Essl. (25 g) Puderzucker
1 Teel. (5 ml) Mandelextrakt

1. Reis, Milch, Sahne, Zucker, Muskatnuss, Minze, Vanille und Nüsse miteinander vermischen und in vier kleine Auflaufformen verteilen. Mit gefalteter Folie und Faden fest verschließen.
2. Die Auflaufformen in den Dämpfeinsatz stellen, mit dem Deckel gut verschließen und 1 Stunde dämpfen, oder bis der Reis gar und fest ist.
3. Die Zutaten für die Soße in einer Küchenmaschine oder einem Mixer pürieren. Durch ein Sieb pressen, um die Kerne zu entfernen. Den Milchreis auf 4 Teller stürzen, mit der Soße begießen, servieren

---

*Dieser normalerweise zeitaufwändige Nachtisch wird hier schnell und einfach zubereitet. Die Löffelbiskuits müssen um den Boden herum fest angedrückt werden, damit die Soße nicht verläuft. Servieren Sie diese Charlotte mit 100 ml Schlagsahne oder Crème Fraîche oder Jogurt, jeweils mit 2 Teel. Weinbrand verfeinert.*

# RUSSISCHE KAFFEE-CHARLOTTE

Für 4 Personen

2 große, reife Birnen, geschält, ohne Gehäuse und klein geschnitten
4 Essl. (50 ml) Weinbrand
175 g Löffelbiskuits
450 ml Vollmilch
4 Eier
200 g brauner Zucker
2 Essl. (25 ml) Kaffeelikör
Schlagsahne oder Jogurt mit einem Schuss Weinbrand zum Servieren

1. Die Birnen 20 Minuten in Weinbrand einlegen, häufig wenden.
2. Die senkrechten, geraden Seiten einer gefetteten Form (1 Liter Fassungsvermögen)mit ganzen Löffelbiskuits auslegen und den Boden mit dem zerkleinerten Rest der Biskuits.
3. Die Birnen mit dem Weinbrand in die Mitte der Form stellen.
4. Die Milch fast bis zum Siedepunkt erhitzen, aber nicht kochen lassen, und vom Herd nehmen.
5. Die Eier mit dem Zucker schlagen und den Kaffeelikör hinzugeben. Diese Mischung in die Milch rühren und vorsichtig in die Form gießen. Mit Frischhaltefolie bedecken und in den Dämpfeinsatz setzen.
6. Fest verschließen und über köchelndem Wasser 40 bis 50 Minuten dämpfen, bis die Charlotte fest ist. Ganz abkühlen lassen und erst dann stürzen. Mit durch Weinbrand verfeinerter Sahne oder Jogurt servieren.

*Eine herrliche Alternative zum Obstsalat. Warm serviert verbinden sich die verschiedenen Geschmacksrichtungen wunderbar miteinander. Verwenden Sie verschiedene Obstsorten, die aber festes Fleisch haben sollten, und achten Sie auf eine hübsche Farbzusammenstellung.*

# TROPISCHE OBSTSPIESSE

## Für 4 Personen

1 große Sternfrucht (Karambole), in dicken Scheiben
1 mittelgr. Papaya, entkernt, in Stücken
1 kleine Melone
12 grüne Weintrauben, kernlos
2 große, frische Ananasscheiben

*Für die Marinade*
2 Essl. (25 ml) Kirschwasser
150 ml Orangensaft
Saft einer mittelgroßen Zitrone
2 Essl. (25 g) sehr feiner Zucker
2 Teel. (10 g) Pfeilwurzmehl oder Maisstärke

*Zum Servieren*
Kleine fertige Pfannkuchen oder Crêpes
Sahne oder Naturjogurt

❶ Die Sternfruchtscheiben, Weintrauben und Papayastücke in eine Schüssel geben. Mit einem Kugelstecher das Fruchtfleisch aus der Melone stechen und dazugeben, ebenso gestückelte Ananas.
❷ Die Zutaten für die Marinade zusammenrühren und über das Obst gießen. Mit Frischhaltefolie verschließen und 2 Stunden kühlen. Gelegentlich umrühren.
❸ Das Obst aus der Marinade nehmen und die Flüssigkeit zur Seite stellen. Die Stücke auf vier Holzspieße stecken und in den oberen Dämpfeinsatz legen. Die Pfannkuchen in den Dämpfeinsatz darunter legen, gut verschließen und 10 Minuten dämpfen, bis alles heiß ist.
❹ Die Marinade in einem kleinen Topf erhitzen, das Pfeilwurzmehl einrühren, aufkochen lassen und weiterrühren, bis der Sirup angedickt und klar ist. Die Pfannkuchen auf kleinen Tellern mit Sahne anrichten. Die Spieße mit den Pfannkuchen und dem Sirup servieren.

*Die leichte Säure der Aprikosensoße unterstreicht die zimtige Süße dieser gefüllten Äpfel. Andere Obstsorten wie Pfirsiche oder Mango eignen sich ebenfalls für eine köstliche Soße. Verwenden Sie bitte nur Äpfel, die sich zum Backen eignen.*

# GEFÜLLTE ÄPFEL MIT APRIKOSENSOSSE

## Für 4 Personen

4 mittelgr. Kochäpfel (je ca. 225 g)
2 Teel. (10 g) hellbrauner Zucker
1 Essl. (15 g) getrocknete, klein geschnittene Aprikosen
1 Essl. (15 g) Sultaninen
1 Essl. (15 g) getrocknete Datteln ohne Stein, klein geschnitten
2 g gemahlener Zimt
2 g geriebene Muskatnuss
25 g geschmolzene Butter

*Für die Soße*

6 geschälte Aprikosen, frisch oder aus der Dose, ohne Stein, klein geschnitten
Saft einer mittelgroßen Orange
3 ml Mandelextrakt
1 Essl. (15 g) brauner Zucker
frische Minzezweige zum Dekorieren

1. Das Gehäuse aus den Äpfeln stechen. Die Trockenfrüchte mit dem Zucker und den Gewürzen in einer Schüssel mischen und zum Binden die Butter hineinrühren.
2. Die Mischung in die Äpfel füllen und in einen Dämpfeinsatz setzen.
3. Die Zutaten für die Soße in einer feuerfesten Form mischen und in einen zweiten Dämpfeinsatz über die Äpfel setzen.
4. Beide Einsätze über kochendem Wasser fest verschlossen 15 Min. dämpfen, bis die Äpfel gar sind und die Haut aufzuplatzen beginnt.
5. Die Äpfel warmstellen und die Soße in einer Küchenmaschine pürieren, bis sie sämig ist. Die Äpfel auf einer Platte anrichten und die Soße darum herumgeben. Dekorieren und sofort servieren.

*Dieses Dessert ist sehr einfach, aber unwiderstehlich lecker. Am besten servieren Sie die Äpfel mit Mandelplätzchen, und Sie sollten einen guten Calvados verwenden, der übrigens auch gut zu frischen Apfelscheiben passt.*

# CALVADOSÄPFEL MIT PFEFFERMINZSAHNE

## Für 4 Personen

4 Essl. (50 ml) Calvados oder Apfelbrand
Saft von 2 großen Orangen
1 Essl. (15 ml) Orangenlikör
2 Essl. (25 ml) klarer Honig
4 mittelgr. rote Äpfel (je ca. 150 g)
eine halbe Zimtstange, eingedrückt

*Für die Sahnesoße*

150 ml Schlagsahne
150 ml Naturjogurt
1 Essl. (15 ml) klarer Honig
2 Essl. (25 g) frisch gehackte Minze

1. In einem kleinen Topf Calvados, Orangensaft, Likör und Honig zu einem Sirup aufkochen.
2. Die Äpfel vierteln und die Gehäuse entfernen. In eine feuerfeste Schüssel geben und den Sirup darübergießen. Den Zimt hinzugeben und die Schüssel mit einer gefalteten Folie verschließen.
3. Die Schüssel in den Dämpfeinsatz setzen, fest verschließen und ca. 15 Minuten dämpfen, bis die Äpfel zart, aber nicht zu weich sind.
4. Die Sahne schlagen und die anderen Zutaten unterheben. In eine Schüssel geben und bis zum Servieren kühlen.
5. Die Äpfel aus dem Sirup nehmen und auf Tellern anrichten. Die Soße darübergießen, mit Minze dekorieren, servieren und die Sahne dazu reichen.

*Das angenehme Aroma dieser kleinen Kuchen wird noch durch die säuerliche Soße betont. Eine weitere Variante erhalten Sie mit 2 Esslöffeln starkem Kaffee und 2 Esslöffeln zusätzlichem Mehl.*

# INGWER-ORANGEN-KÜCHLEIN

Für 4 Personen

120 g weiche Butter
100 g brauner Zucker
2 geschlagene Eier
2 Stücke eingelegter Ingwer, klein geschnitten
2 Essl. (25 ml) Zuckerrübensirup
3 g Backpulver
2 Essl. (25 ml) Orangensaft
Schale einer mittelgroßen Orange
eine Prise gemahlener Ingwer
250 g Mehl

*Zum Servieren*

300 ml Naturjogurt
Schale und Saft von einer halben kl. Orange
2 Teel. (10 g) gesiebter Puderzucker
Orangenschale und -stücke zum Dekorieren

1. Vier Auflaufförmchen mit einem Esslöffel Butter ausfetten. Die restliche Butter mit dem Zucker in einer Schüssel schaumig schlagen und langsam mit Eiern, Ingwer, Sirup, Backpulver, Orangensaft und -schale und Ingwer vermischen.
2. Das Mehl unterheben und in die vorbereiteten Auflaufformen geben. Mit gefalteter Folie und einem Faden fest verschließen.
3. Die Formen in den Dämpfeinsatz setzen, mit einem gut sitzenden Deckel verschließen und 30 Minuten dämpfen, oder bis ein in die Mitte gestochener Zahnstocher sauber wieder herauskommt.
4. Die Zutaten für die Soße zusammenrühren und kühlen. Die Küchlein auf einen Teller stürzen, mit Orangenschale und -stücken dekorieren und mit der Soße servieren.

*Crème Caramel ist ein beliebter Klassiker, der gewöhnlich im Backofen gemacht wird. Sie lässt sich aber auch gut dämpfen. Sie können statt der Ananas auch jede andere feste Frucht glasieren, zum Beispiel Mangos, Birnen oder Pfirsiche.*

# CREME CARAMEL MIT GLASIERTER ANANAS

Für 4 Personen

200 g Zucker
4 Essl. (50 ml) kaltes Wasser
400 ml Vollmilch
3 Eier

*Für die Ananas*
2 Essl. (25 g) Butter
1 Essl. (15 g) brauner Zucker
4 Scheiben frische Ananas, gewürfelt (je ca.300 g)

❶ 4 Esslöffel (50 ml) Zucker mit dem Wasser in eine schwere Pfanne geben und erhitzen, bis der Zucker aufgelöst ist und der Sirup dunkelbraun wird. Vorsicht, nicht anbrennen lassen! In 4 Auflaufförmchen füllen und drehen, bis Boden und Seiten bedeckt sind.
❷ Die Milch erhitzen, aber nicht kochen lassen. Wenn sie kocht, wird die Crème nicht fest. Den restlichen Zucker mit den Eiern verschlagen und nach und nach in die Milch gießen.
❸ Die Crème in die Förmchen gießen und mit Folie abdecken.
❹ Die Förmchen in den Dämpfeinsatz stellen, den Topf fest verschließen und über köchelndem Wasser 10 Minuten dämpfen, oder bis die Cème fest ist. Ganz abkühlen lassen, bevor Sie sie stürzen.
❺ Vor dem Servieren Butter in einer Pfanne schmelzen und Zucker hinzugeben. Wenn der Zucker geschmolzen ist, 4 bis 5 Minuten die Ananasstücke darin wenden, bis sie glasiert sind. Mit der Crème servieren.

*Birnen und Schokolade sind eine klassische Kombination. Suchen Sie vier gleichgroße, reife Birnen aus. Statt des dunklen Rums können Sie auch Orangenlikör oder starken kalten Kaffee verwenden.*

# RUMBIRNEN MIT SCHOKOLADENSOSSE

## Für 4 Personen

4 mittelgroße süße, reife Birnen
Saft einer halben mittelgroßen Orange (die Schale zum Dekorieren aufheben)
150 g Bitterschokolade oder Konfitüre
2 Essl. (25 ml) dunkler Rum
100 ml Sahne
geraspelte dunkle und weiße Schokolade zum Dekorieren

❶ Die Birnen schälen und kräftig mit dem Orangensaft einreiben. In die erste Dämpfeinsatz stellen.

❷ Schokolade in ein feuerfestes Gefäß bröckeln, das in den zweiten Dämpfeinsatz passt. Rum und Sahne hinzugeben, mit gefalteter Folie bedecken und über die Birnen setzen. Fest verschließen.

❸ Birnen und Soße 15 bis 20 Minuten dämpfen, bis die Birnen gegart sind, aber nicht auseinanderfallen.

❹ Die Schokoladensoße gut umrühren. Die Birnen auf Serviertellern anrichten, mit der Soße begießen, dekorieren und servieren.

---

*Dieser Nachtisch ist schnell gemacht und doch reich an Farbe und Geschmack. Er kann in letzter Minute mit dem Obst gemacht werden, das Sie gerade zu Hause haben, wie Äpfel, Birnen oder Bananen. Verfeinern Sie das Obst mit dem Sirup des eingelegten Ingwers.*

# HEISSE MANGO UND KIWI IN INGWERSIRUP

## Für 4 Personen

2 große reife Mangos, geschält, ohne Stein, in Würfel geschnitten
3 reife Kiwis, geschält, geachtelt
2 Stück kandierte eingelegter Ingwer, in acht Stücke geschnitten
6 Essl. (50 ml) Ingwersirup
Saft einer mittelgroßen Limone
Limonenschale zum Dekorieren
Ingwerplätzchen und Jogurt zum Servieren

❶ Das Obst in die Mitte eines großen Folienquadrats legen, die Seiten hochklappen und zu einem offenen Paket falten.

❷ Die restlichen Zutaten zusammenrühren und über das Obst gießen. Das Paket verschließen und in den Dämpfeinsatz legen.

❸ Fest verschließen und 10 Minuten dämpfen. Aus dem Dämpfer nehmen, anrichten, mit Limonenschale dekorieren und mit Ingwerplätzchen und Natur- oder Vanillejogurt servieren.

*Das Besondere dieses Desserts ist, dass das Obst in Alkohol und Obstsaft mariniert wird. Das können Sie schon bis zu 4 Stunden vorher tun, dann ist das Dessert schnell gemacht. Verwenden Sie möglichst viele verschiedene Obstsorten.*

# FRUCHTCOCKTAIL MIT WEINBRANDSOSSE

Für 4 Personen

*Für den Cocktail*

300 g gemischte Trockenfrüchte, in kleine Stücke geschnitten, wie Kirschen, Birnen, Äpfel, Mangos, Ananas usw.
3 Essl. (45 ml) Weinbrand
4 Essl. (50 ml) Orangensaft
1 Teel. (5 g) gemahlene Gewürznelken

*Für den Teig*

2 Eier
2 Essl. (25 g) Mehl
3 Essl. (45 g) Zucker
300 ml Milch

*Für die Soße*

6 Essl. (75 g) Streuzucker
3 Essl. (45 ml) kochendes Wasser
3 Essl. (45 ml) Weinbrand
2 Essl. (25 g) Butter

❶ Das Obst in einer Mischung aus Weinbrand, Orangensaft und Nelken eine Stunde lang quellen lassen und dann in vier kleine, feuerfeste Formen geben.

❷ Die Eier schlagen, das Mehl und dann den Zucker unterheben . Mit der Milch zu einem geschmeidigen Teig verarbeiten.

❸ Den Teig über das Obst gießen und jede Form mit Frischhaltefolie abdecken.

❹ Die Formen in den Dämpfeinsatz stellen, den Topf fest verschließen und 20 Minuten lang dämpfen, bis der Teig gebacken ist.

❺ In der Zwischenzeit die Soße zubereiten. Den Zucker in einer schweren Pfanne auflösen und bräunen. Vorsicht, nicht anbrennen lassen! Vom Herd nehmen, kochendes Wasser und Weinbrand einrühren und wieder erhitzen.

❻ Unter Rühren nach und nach die Butter hinzugeben, bis die Soße glänzt, und sie mit den Kuchen servieren.

*Dieses Kapitel zeigt, wie vielseitig und ökonomisch Sie Ihren Dampfkochtopf einsetzen können. Wenn Sie ein elektrisches Gerät mit mehreren Dämpfeinsätzen und einem Reisbehälter haben, können Sie in einem Dämpfvorgang ganze Mahlzeiten zubereiten. Hier finden Sie Vorschläge für Menüs, die aus den bisherigen Rezepten zusammengestellt sind. Sie können natürlich auch selbst experimentieren und Ihre eigenen Lieblingsgerichte miteinander kombinieren. Sie werden schnell entdecken, wie einfach es ist, mit Dampfgaren allerlei Köstliches zuzubereiten.*

# MENÜS

## MENÜ 1

• Schweinetaschen Dim Sum • Schneller Lachs mit Pesto • Gedämpfte Bananen in Orangensoße

| 1,5 Stdn. | 1 Std. | 35–40 Min. | 30 Min. | 10 Min. |
|---|---|---|---|---|
| Die Pestosoße zubereiten und zugedeckt im Kühlschrank aufbewahren. Die Dim Sum vorbereiten und in den Dämpfeinsatz geben. Die Tunke zubereiten. | Für das Dessert die Süßkartoffel und alle anderen Zutaten, außer den Bananen, vorbereiten. | Die Folienpakete für das Dessert zum Dämpfen bereit stellen. | Die Dim Sum im vorbereiteten Dampfkochtopf 25 Minuten garen. | Im Dampfkochtopf die Nudeln kochen, den Lachs gleichzeitig 10 Min. dämpfen. Beides warm stellen. Die Dim Sum servieren. Den Lachs mit den Nudeln servieren. Die Bananen 5 Min. garen und servieren. |

## MENÜ 2

• Warmer Hummersalat • Karibisches Huhn • Karamellisierte Pflaumencrème

| 4,5 Std. | 1,5 Std. | 1 Std. | 20 Min. | 5 Min. |
|---|---|---|---|---|
| Wasser im Topf erhitzen. Die Crème zubereiten und 10 Min. dämpfen. 4 Std. im Kühlschrank aufbewahren. | Das Huhn vorbereiten, im Topf anbraten und mit restl. Zutaten zugedeckt 1 Std. garen. Den Reis 15 Min. kochen, abgießen und zur Seite stellen. | Hummer und Gemüse vorbereiten und in den Dämpfeinsatz geben. Soßenzutaten mischen und bereit stellen. Das Dessert 3 bis 4 Min. karamellisieren, wieder in den Kühlschrank stellen. | Den Reis 15 Min. über dem Huhn garen. Hummer über den Reis setzen, 15 Min. dämpfen. Schüssel mit grünem Salat auslegen. Ananas 5 Min. dämpfen. | Hummersalat als Vorspeise servieren. Huhn, Reis und Ananas warmhalten und als Hauptgang servieren. Die Crème als Dessert servieren. |

## MENÜ 3

• Zucchini und Bohnen mit Knoblauch und Minze • Paella • Crème Caramel mit glasierter Ananas

| 2 Std. | 1 Std. | 30–40 Min. | 5 Min. |
|---|---|---|---|
| Die Crème zubereiten und servierfähig in den Kühlschrank stellen. Die Ananas für das Dessert vorbereiten. | Die Zutaten für die Paella vorbereiten. Huhn, Salami, Paprika, Knoblauch andünsten und mit dem Reis 5 Min. garen. Brühe hinzugeben, mit Safran und Cayennepfeffer abschmecken. | Die Paella abdecken, 15 Min. dünsten, restliche Zutaten hinzugeben. Die Vorspeise darübersetzen und 10 Min. garen. Die Ananas für den Nachtisch garen und warm halten. | Die Paella anrichten und warmstellen. Die Zucchini-Vorspeise servieren, danach die Paella. Die Crème stürzen, dekorieren und servieren. |

## MENÜ 4

• Pikante Rote Beete mit Orange • Kabeljau-Focaccia • Heiße Mango und Kiwi in Ingwersirup

| 2 Std. | 45 Min. | 30 Min. | 15 Min. |
|---|---|---|---|
| Den Kabeljau vorbereiten, zudecken und marinieren. Gelegentlich umrühren. Tomaten und Oliven vorbereiten und zur Seite stellen. | Die Vorspeise zum Kochen zubereiten. Den Nachtisch zum Kochen zubereiten. Die Pakete fertigmachen und verschließen. Die Focaccia für Hauptgang in Scheiben schneiden. | Rote Beete 15 Min. über der Soße dämpfen, schälen und anrichten. Die Soße in einen kleinen Topf geben. Den Fisch mit Tomaten und Oliven in den Dämpfer geben. | Den Dämpfer in Gang setzen. Fisch 10–15 Min. dämpfen, warmstellen. Focaccia in Butter und Öl anbraten., warmstellen. Rote Beete mit der erhitzten Soße servieren. Fisch und Focaccia servieren. Das Dessert wird während des Hauptgangs gedämpft. |

## MENÜ 5

• Artischocken vom Mittelmeer • Pasta Primavera • Aprikosencreme mit Karamellsoße

| 3 Std. | 45 Min–1 Std. | 35–40 Min. | 30 Min. |
|---|---|---|---|
| Das Dessert zubereiten, dämpfen und kühlen, bis es serviert wird. | Die Zutaten für die Vorspeise vorbereiten, Folienpaket fertigmachen und zur Seite stellen. | Das Gemüse für die Nudeln vorbereiten und in den Dämpfeinsatz geben. Im Topf das Salzwasser für die Nudeln zum Kochen bringen. | Artischocken 20 Min. dämpfen und auf vorgewärmten Tellern servieren. Während der Vorspeise die Nudeln im Topf kochen und das Gemüse darüber 10 Min. garen. Nudeln abgießen, warmstellen, mit dem Gemüse servieren. Das Dessert stürzen, dekorieren und servieren. |

## MENÜ 6

• Kammmuscheln in Safran-Sahne • Lamm in einer Portwein-Knoblauch-Soße • Russische Charlotte

| 4 Std. | 1,5 Std. | 20 Min. | 10 Min |
|---|---|---|---|
| Die Birnen für das Dessert 20 Min. einlegen.Die Soße zubereiten und die Form belegen. Dessert zusammenstellen, zudecken und 40–50 Min. dämpfen. Im Kühlschrank durchkühlen lassen. | Die Kammmuscheln 1 Std. marinieren lassen, gelegentlich umrühren. Das Lamm für 1 Std. in die Marinade geben, gelegentlich umrühren. | Die Zutaten für die Lammsoße in einen kleinen Topf geben. Wasser im Dampfkochtopf aufkochen, Kammmuscheln aus der Marinade in den Dämpfeinsatz geben. Die Zutaten für die Soße in einen kleinen Topf geben. Weinbrandsahne für das Dessert zubereiten. | Kammmuscheln dämpfen und mit der heißen Soße als Vorspeise servieren. Inzwischen das Lamm 15–20 Min. dämpfen und die Soße erhitzen. Lamm mit Rosmarin garnieren und servieren. Das Dessert stürzen und mit der Weinbrandsahne servieren. |

# REGISTER